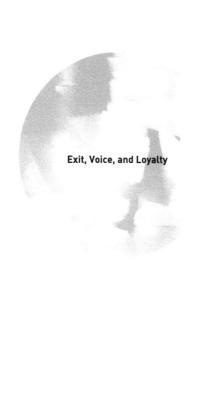

Exit, Voice, and Loyalty

**퇴보하는
기업, 조직, 국가에 대한
반응**

───────

앨버트 O. 허시먼 지음
강명구 옮김

떠날 것인가,
남을 것인가

나무연필

추천의 글

허시먼의 작업은 어제와 오늘, 그리고 내일을 조명하면서 세계를 바라보는 방법을 변화시켰다. 『떠날 것인가, 남을 것인가』는 그런 그의 가장 중요한 저작이다.

_캐스 선스타인 (『넛지』 저자)

제도가 쇠퇴해갈 때의 대처에 관심을 갖는 허시먼은 '이탈'과 '항의'의 전략을 비교한다. 그가 보기에 전통적인 경제학자들이나 자유주의자들은 항의를 꺼리는 사람들이 이탈을 한다고 여긴다. 반면에 정치학자들은 지나치게 항의에 초점을 맞추면서 이탈을 '배신'이나 '변절'과 유사한 것으로 간주한다. 이들의 상호작용을 섬세하게 살핀 『떠날 것인가, 남을 것인가』는 현대 정치사상의 역작이다.

_말콤 글래드웰 (『아웃라이어』 『티핑 포인트』 저자)

■

허시먼의 명석함이 빛을 발하는 역작이다. (······) 세계는 사회와 거리를 두면서 시장과 더욱 하나 되어 움직이고 있다. 일종의 균형이 필요하며, 사회구조를 더 깊이 살펴봐야 하고, 모든 걸 그만두고 싶은 충동을 약화시켜야 할 때다. 이 책의 주장을 보며 우리는 항의의 가능성에 다시금 주목해야 한다.

_《월스트리트저널》

■

시장과 비非시장 모두의 성장과 쇠퇴 과정에 대한 학제 간 분석에 초점을 맞춘 비범한 저서다. 허시먼은 항의와 이탈 사이의 상호작용 가운데서 충성심의 이론을 도출해낸다. 충성심이야말로 이탈을 지연시키면서 이탈 가능성을 이유로 더욱 효과적으로 항의를 끌어낼 수 있는 요소이다.

_《이코노믹저널》

■

짧지만 창의력 넘치는 책으로, 경제학자, 정치학자, 그리고 관련 정책에 관심 있는 이들에게 유용한 메시지를 던져준다. 허시먼은 회사와 정당, 정부 등의 조직이 느슨해지면 그들이 생산하는 제품이나 정책 등의 질이 떨어진다고 가정한다. 이때 고객이나 구성원 등은 이런 상황을 돌이키기 위해 항의나 이탈을 택하곤 한다. 이 책에는 이들 두 방식이 어떻게 작동하고 상대적으로 어떤 장단점이 있으며 어떻게 상호

의존하는지가 기술되어 있다. (……) 이탈과 항의 사이에 공생이 존재한다는 그의 기본 관점은 유효하면서도 중요하다. 이 책은 현안에 대해 되풀이해서 적용할 수 있는 새로운 분석적 시각을 제공한다.

_《퍼블릭 폴리시》

■

허시먼의 이 작은 책에는 신선한 아이디어들이 가득하다. 어떤 조직의 제품에 불만이 있을 경우 소비자의 수요가 감소한다는 것이 경제학자들의 전형적인 가정이다. 하지만 정치학자들은 이때 소비자들이 조직에 항의할 것이라고 본다. 허시먼은 다양한 분석과 예시를 들어가면서 이 두 가지 과정이 모두 이뤄지며 이 두 과정의 상호작용에 놀랄 만한 함의가 있음을 유려하게 보여준다. 이는 오늘날의 수많은 경제와 정치 현상에 대한 극명한 조명이기도 하다. 이 모든 논의는 다양한 사회와 문화를 참조하여 놀라울 만큼 풍요롭게 전개된다.

_케네스 애로(전 하버드 대학 경제학과 교수, 1972년 노벨경제학상 수상자)

■

우리 시대의 가장 흥미로운 경제와 사회 문제를 조명하는, 놀라울 만큼 통찰력 있는 에세이이다. 흥미로우면서도 감탄을 금할 수 없었고, 더 나아가 현상을 꿰뚫어보는 저자와 함께하는 즐거움까지 누렸다.

_존 케네스 갤브레이스(전 하버드 대학 경제학과 교수, 전 미국경제인연합회 회장)

■

선도적인 경제학자들이 정치 문제에 더욱 선명한 관심을 보이기 시작했다. 허시먼의 『떠날 것인가, 남을 것인가』는 정치 이론의 개발에 지대한 공헌을 할 것이다.

_카를 볼프강 도이치(전 하버드 대학 정치학과 교수, 전 세계정치학회 회장)

■

허시먼의 사고는 창의적이면서도 활력이 넘치고 절묘하면서도 신선해서 그 무엇도 이를 대체할 수 없다.

_스탠리 호프먼(전 하버드 대학 정치학과 교수)

■

흠뻑 매료되어 이 책을 읽었다. 읽고 보니, 이전에 내가 희미하게만 이해하고 있던 수많은 어슴푸레한 생각들을 이 책이 잘 정리해 종합하고 있음을 알 수 있었다.

_조지프 크래프트 (전 《뉴욕타임스》 기자, 정치 칼럼니스트)

조그만 생각들과
그것이 훗날 어떻게 커나갈지를 가르쳐준
에우제니오 콜로르니 Eugenio Colorni, 1909~1944 에게

허시먼이 인도하는
'화이부동 和而不同의 정치경제학'

질문과 문제 제기

전달하고자 하는 메시지에 비해 지나치게 겸손하다 할 정도의 두께인 이 소책자가 발간 이후 거의 반세기가 지난 지금에도 활발한 연구와 논의의 대상이 되고 있다는 사실은 이 책이 이미 현대판 고전의 반열에 올랐음을 말해준다. '시공을 초월하여 인간의 보편적 상황을 다룬 영향력 있는 언술' 정도로 고전을 거칠게 정의한다면, 『떠날 것인가, 남을 것인가』는 분명 그러한 정의에 가깝게 다가가 있다.

허시먼은 이 책에서 동서고금 인간사에 있어 피하기 힘든 보편적 상황인 '퇴보'의 문제를 다루고 있다. 이 책에서 그가 제기하는 문제는 매우 간단하다. 책의 부제가 보여주듯이 '기업이나 조직 혹은 국가가 퇴보의 길로 들어설 때 이를 치유하는 방법이 무엇인가'에 답하는 것이다. 답은 그의 책 제목에 들어 있다. 싫으면 떠나거나^{exit} 아니면 남아서 항의^{voice}하거나 그도 아니면 충성^{loyalty}을 다하는 것이다. 즉 기업이나 조직 혹은 국가가 퇴보의 길로 들어설 경우 이탈함으로써 경고음을 발하거나 떠나기 힘들 때면 힘찬 목소리를 내어 항의를 함으로써 원상회복을 시킬 수도 있고 이도저도 아니면 그대로 남아 충성을 바치며 참아내면서 회복을 위한 의견을 내는 것이다.

거창한 질문에 대한 답변이 이와 같이 단순하다면 허시먼의 책이 결코 현대판 고전으로 자리매김하지는 못했을 것이다. 이 책이 높이 평가받는 것은 이와 같은 단순한 방안들이 실제로는 얼마나 다양하게 변용 가능한지 그리고 이러한 방안들을 겸용 내지 혼용할 때 실제 의도와 얼마나 다른 역효과를 낼 수 있는지를 사려 깊게 살폈기 때문이다. 그 결과 정부와 같은 공공 부문에 적용 가능한 치유책이 있고 기업이나 조직과 같은 사적 부문에 적합한 치유책이 있음을 밝히고, 이러한 노력이 가지는 한계 또한 자명함을 알린 데 이 책의 대단함이 있다.

허시먼의 사색은 완전경쟁의 효험에 대한 기존의 지배적 담론을 우회하는 데서 출발한다. 조금이라도 잘못하면 도태의 위험에 처하는 것을 당연시하는 완전경쟁의 세계는 물론 퇴보의 치유책으로서 의미가 있지만 문제점 또한 적지 않다. 허시먼이 보기에 완전경쟁 담론의 가장 큰 문제점은 경쟁이 모든 것을 해결해줄 수 있다는 잘못된 가정하에 인간 사회가 숙명처럼 피하기 힘든 퇴보의 가능성을 애써 무시하는 데 있다. 기술 발전은 피치 못하게 잉여를 창출하고 잉여는 곧 퇴보의 가능성과 연계되어 있는데도 완전경쟁 담론은 잉여는 선호하면서 퇴보는 박멸의 대상으로 치부하는 모순적인 '엄격한 경제관'에 기대어 있다. 실제로 퇴보는 한방에 날려버릴 박멸의 대상이 아니라 수시로 방문하는 치유 가능한 불청객이라는 '느슨한 경제관'이 더 현실적이다. 아니, 한 걸음 더 나아가 '느슨함'은 비상시에 사용할 수 있는 숨겨진 에너지원이 될 수도 있고, 그래서 "위장된 축복blessing in disguise"으로까지 간주될 수도 있는 것이다.

'느슨함'으로 인한 퇴보는 그 자체에 내재된 복원력 덕분에 완치完治는 아니더라도 순치順治, 즉 치유 가능한 일탈의 대상이 된다. 그리고 이 내재된 복원력의 핵심이 바로 이탈과 항의라는 두 메커니즘이다. 허시먼은 국가나 기업, 조직이 퇴보하기 시작하면 자연적으로 이에 대한 경고 반응이 나온다고 본다. (마치 애덤 스미스에게 인간의 이기심이 그러하듯이) 이는 너무 자연스러운 현상이라 그는 복원력의 존재 이유에 대해 따로 설명을 하지는 않는다.

이러한 인식론적 바탕 위에서 허시먼은 당시의 관점으로는 매우 새로운, 그리고 기존의 정치경제학적 시각과는 상당한 차별성을 보이는 그만의 독특한 접근법을 선보이고 있다. 가장 두드러진 것은 그 자신이 경제학자이면서도 동료 경제학자들에게 던지는 메시지이다. 특히 밀턴 프리드먼과 같은 신자유주의의 원조 격인 시장지상주의 경제학자에게 퇴보의 치유책으로서 '이탈'이라는 경제적 개념에 못지않게 '항의'라는 정치적 개념이 얼마나 유용하고 의미 있는지를 역설하고 있다. 아울러 퇴보의 문제에 지나치게 민감한 정치학자들에게는 정치적 '항의' 외에도 느슨한 경제적 관점의 '이탈' 또한 매우 유용한 개념임을 제시하고 있다.

이탈과 항의의 작동 방식

그렇다면 '이탈'과 '항의'라는 퇴보 치유책은 구체적으로 어떻게 작동하는가? 이 책의 핵심적 내용인 이 논의들은 2장부터 5장에 걸

처 자세히 소개되고 있다.

이탈 방식은 주로 경제의 측면에서 유용하게 사용되는 퇴보 통제 방식으로서 경쟁을 통해 이루어진다. 즉, 시장에서의 선택에 있어 가격이나 품질이 마음에 들지 않을 경우 다른 재화를 고름으로써 태만한 기업에 경고음을 발하게 되는바, 바로 이 옮겨가는 과정이 이탈 행위이다. 그러나 허시먼이 천착한 이탈 방식과 과정은 고전 경제학이 상정했던 완전경쟁의 시장 상황과는 사뭇 다르다. 같은 품질일 때 모두가 한꺼번에 가격이 낮은 재화로 이탈하는 것을 상정하는 고전 경제학의 가정과 달리, 허시먼이 살펴본 이탈 방식은 가격뿐 아니라 품질에 따라서 소비자들이 각기 다르게 행동할 뿐만 아니라 경쟁을 가장한 담합으로 경쟁을 무력화시키기도 했다. 그 결과 이탈 방식이 퇴보를 억제하기 위해서는 "예민한 고객과 둔감한 고객이 혼재되어 있는 것이 가장 좋다"(73쪽). 예민한 고객(즉시 이탈 방식을 택하는 고객)은 기업의 퇴보에 경고음을 발하는 반면 둔감한 고객은 기업이 퇴보로부터 회생할 시간적 여유를 주는 것이다!

이탈 방식에 비해 항의 방식은 훨씬 복잡하고 다양하다. 이탈이 주로 경제의 영역에 속한다면 항의는 주로 정치의 영역에 해당한다. 항의 방식은 조용히 다른 상품을 구매하는 이탈에 비해 매우 소란스러우며, 예기치 못한 새로운 방식을 채택하기도 하고, 새로운 영역으로 영향력의 범주를 넓혀가기도 한다. 이를테면 보이콧이라고 하는 상품 불매운동은 경제의 영역에서 항의의 개념을 확장시킨 것이고, 소비자 주권 운동 역시 유사한 활동이다. 또한 이탈을 하면서 항의 방식을 동시에 택하기도 하는데, 예를 들면 자신의 직위에서 사임하면서 조용히 떠나는 것이 아니라 비판적 항의의 목소리를 높이며 떠나기도 한다.

　이탈 방식과 유사하게 항의 방식 또한 모든 사람이 일시에 택하지 않으며 이러한 방식이 꼭 바람직한 것만도 아니다. 폭발적인 참여가 민주주의에 부담이 되면서 정치적 불안을 야기할 수도 있는 것이다. 그런 연유로 민주주의 역시 이탈 방식과 유사하게 민감한 항의자와 둔감한 항의자를 모두 필요로 한다는 역설적 진실에 도달하게 된다. "정치적으로 활발하게 의견을 개진하는 시민과 안정적 민주주의 간의 관계는 우리가 흔히 믿어왔던 것보다 훨씬 복잡하다."(86쪽) 이는 곧 시민적 민주주의론이라는 전통적 신념에 대한 매우 창의적인 도발이 아니고 무엇이겠는가?

　그렇다면 이탈과 항의 방식을 동시에 적용할 때 퇴보에 대한 가장 좋은 치유책을 마련할 수 있을까? 4장에서 허시먼은 이 방식이 왜 위험한지에 대해 설명하고 있다. 좋은 방식을 모두 가져다놓았다고 해서 가장 훌륭한 치유책이라고 보기는 어렵다는 것이다.

예를 들어보자. 경쟁력을 잃어가는 공립학교를 되살리기 위해 사립학교를 세워 경쟁하게 만들면 어떻게 될까? 기대와 달리 공립학교의 경쟁력은 약화될 것이다. 한국이 경험했던 바로 그대로이다. 왜 그럴까? 경쟁이 항의 방식을 잠재워버리기 때문이다. 사립학교가 없었다면 공립학교에 남아 항의의 목소리로 학교 개혁을 해나갈 학부모들은 교육에 대한 열의가 가장 높은 부류인데, 이들이 가장 먼저 사립학교로 떠나기 때문이다. 그 결과 공립학교는 항의의 목소리를 잃게 되고 사립학교는 더 이상 나갈 곳이 없으므로 이탈의 대안을 잃게 되는 것이다.

허시먼의 결론은 간단하다. 그는 교육이나 대중교통 같은 공공재의 경우 어설프게 경쟁체제를 도입하는 것보다는 차라리 고객의 이탈을 억제하는 방식을 택함으로써 항의의 목소리를 높이는 것이 사회적으로 훨씬 유용한 방안임을 주장하고 있다.

이러한 주장은 한 걸음 더 나아가 허시먼 특유의 반전과 만나게 된다. 어떤 경우에는 이탈이 억제되어 있음에도 불구하고 항의가 제대로 작동하지 않아 퇴보를 막지 못한다. 5장에서 논의하고 있는 '게으른 독점lazy monopoly'이 이에 해당한다. 어떻게 해서라도 초과이윤을 얻으려는 광폭한 독점이 아니라 현상 유지가 목표인 게으른 독점은 소수의 강력한 항의에 제한된 범위의 탈출구를 마련해주거나 차별 대우를 해주어서 항의의 목소리를 잠재우는 전략을 쓴다. 그 결과 "무능한 자가 약자를 억압하고 게으른 자가 가난한 자를 착취하는"(126쪽) 나태와 방만 그리고 비효율이 존속 가능해지는 것이다. 이러한 현상은 독점적 경제 영역뿐 아니라 공기업이나 관료제, 더 나아가 반대자의 망명을 부추기는 무능한 독재정권까지 다양한 형태로 나타나고 있다.

6장에서는 그간의 논의를 양당체제의 정당에 적용시켜본다. 허시먼은 양당체제일 때 선거에서 승리하기 위해 중도 노선을 택하는 경향성이 강해진다는 호텔링-다운스Hotelling- Downs의 가설을 비판한다. 양당체제에서 양극단의 유권자들은 '가두어진' 상태이므로(우리식 표현을 쓰자면 '집토끼') 중도 성향의 유권자(이른바 '산토끼')를 향한 구애가 지극히 합리적이라는 주장이 현실적으로 얼마나 들어맞지 않는지에 대해 그는 항의의 개념을 들어 설명한다. 실제로 양극단의 유권자들은 비록 갇혀 있기는 하지만 거친 항의의 목소리를 냄으로써 더욱 큰 영향력을 발휘하기 때문에 정당의 합리적 선택 모델은 수정이 불가피하다는 것이다.

충성심의 문제

이탈과 항의의 다양한 작동 방식을 한 걸음 물러나 살피자면 항의 방식이 여러 이유에서 이탈 방식에 비해 퇴보의 치유책으로는 불리한 위치에 있다. 손쉬운 이탈에 비하면 종류와 작동 방식이 다양할 뿐만 아니라 항의에 드는 비용도 만만치 않기 때문이다. 그러나 항의 방식에 원군이 없는 것은 아니다. (이탈이 퇴보의 주된 치유책으로 작동하는 시장적 상황이나 항의가 주된 퇴보 치유책으로 작동하는 공공 영역에 비해) 이탈과 항의가 모두 가능한 정당이나 자발적 결사체에서 흔하게 볼 수 있는 충성심은 "일반적으로 이탈 방식을 궁지에 몰아넣고 항의 방식을 활성화시킨다"(156쪽).

즉 충성심은 이탈을 할 수는 있지만 그러지 않고 남아서 자신이 속한 조직의 퇴보를 우려하는 항의의 목소리를 만들어낸다. 자신이 속한 조직에 영향력을 미칠 수 있다고 생각하면서 동시에 그 조직이 생산하는 서비스나 제품의 질에 가장 민감한 고객이 충성심의 일차적 대상이다. 이들은 이탈은 하지 않지만 이탈의 위협은 가할 수 있는 능력을 보유해야만 한다. 이럴 경우, 이탈의 가능성이 항의를 잠재우는 것이 아니라 항의의 영향력을 높이는 아이러니한 상황이 유발된다. 그러나 충성심이 퇴보의 치유책으로 작동하려면 이탈의 가능성이 있기는 하지만 너무 손쉬우면 안 된다는 양면성이 있음 또한 주의해야 한다. 협의이혼 전의 숙려 기간 제도라든지 당내 민주주의를 확보하기 위해 손쉽게 제3당이 출현하는 것을 억제하는 제도 등은 모두 이런 취지에서 도입된 것이다.

충성심은 대체로 이탈을 궁지에 몰아넣어 항의를 활성화시키는 역할을 하지만 때때로 항의의 목소리를 궁지에 몰아넣기도 한다. (특히 기업의 경우) 조직의 책임자라면 조직원(혹은 고객)들이 이탈도 하지 않으면서 항의도 하지 않고 조직이나 제품 구매에 충성하는 상황이 지속될 때 이를 즐기지 않을 이유가 없는 것이다. 이러한 경향성은 가입할 때는 엄격한 조건을 달고 이탈할 때는 강한 처벌을 하는 갱단이라든가 전체주의 정당 등에서 대표적으로 발견할 수 있다. 무의식적 충성과 행동에 근거한 이러한 현상은 항의와 이탈이라는 근본적 퇴보 치유책을 적절한 시기에 적용하기 힘들게 만든다. 그리하여 결국에는 충성심이 강력하고 급격한 항의로 변환되어 퇴보를 치유하는 대신 궁극적 퇴보, 즉 조직의 소멸이라는 파국적 결과를 초래한다.

　충성심이 이탈을 어렵게 만드는 특별한 사례로서 허시먼은 불만이 많은 상황에서 완전한 이탈이 어려운 경우에도 주목한다. 대표적인 것이 교육이나 국방과 같은 공공재로부터의 이탈이다. 공립학교에서 사립학교로 이탈할 수는 있지만, 모든 학생들의 삶이 공교육의 질 저하에 영향을 받을 수밖에 없다는 점에 있어서는 어느 누구도 공교육이라는 공공재로부터 이탈할 수 없다. 우리는 공공재의 생산자이자 동시에 소비자이므로 생산자로부터 이탈할 수는 있어도 소비자이기를 멈추기는 어렵기 때문이다. 허시먼이 내린 암묵적 결론은 명확하다. 공공재로부터의 이탈은 어려우므로 공공재의 질이 떨어질 때는 항의의 목소리를 높여야 한다. 항의하지 않고 침묵하게 되면 우리의 의지와 무관하게 공공재public goods가 아닌 공공악public evil에 기여하게 되는 것이다. 이러한 맥락에서 허시먼은 (이 책을 저술할 때 한창이던) 베트남전에 비판적인 행정부 인사들이 항의의 뜻으로 사임하지 않고 행정부에 남아 있는 것에 대해 준엄하게 비판하고 있다.

허시먼의 생애와 학문 이력[1]

앨버트 O. 허시먼Albert O. Hirschman은 1915년 4월 7일 독일 베를린에서 유대계 외과 의사의 아들로 태어나 2012년 12월 10일 향년 97세를 일기로 타계했다. 그의 생애를 큰 틀로 구분하자면 대략 셋으로 나누어 조감이 가능하다. 첫 번째는 그가 유럽 각국의 명문 대학들에서 수학하며 히틀러의 나치에 저항해 반파시스트 운동을 벌이며 보냈던 청년기, 두 번째는 미국으로 이주한 뒤 발전 경제학자로 입지를 굳혀나갔던 시기, 세 번째는 경제학 분야를 넘어서 독창적인 사회사상가로서의 입지를 굳힌 시기이다. 물론 허시먼의 생애에 대한 이와 같은 다소 자의적인 구분이 그의 사상적 일관성을 저해해서는 안 될 것이다. 60여 년에 걸쳐 집필된 그의 저작들을 통독하다 보면 자기 이론을 성찰적으로 수정해나가면서도 현실에 탄탄한 기반을 둔 이상주의가 일관되고 치밀하게 유지되고 있음을 알 수 있다.

허시먼 사상의 토대가 되는 청년기 교육이 이른바 전간기戰間期로 불리는 제1차 세계대전 종료 후부터 제2차 세계대전 발발 전 사이에 이루어졌음을 주목할 필요가 있다. 영국의 역사학자 카E. H. Carr가 "20년 간의 위기Twenty Year's Crisis"라 칭했던 이 시기 유럽은

....

1 허시먼의 생애에 관한 자세한 내용은 다음의 허시먼 평전을 참조하라. Jeremy Adelman, *Worldly Philosopher: the Odyssey of Albert O. Hirschman*, Princeton: Princeton University Press, 2013. 제러미 애덜먼, 『앨버트 허시먼: 반동에 저항하되 혁명을 의심한 경제사상가』, 김승진 옮김, 부키, 2020.

바이마르공화국 헌법이 표상하는 이상주의가 팽배해 있던 때이며 동시에 히틀러의 발흥과 공산주의 소련의 등장으로 치열한 사상적 공방과 사회적 불안이 최고조에 달했다. 이는 곧 자본주의의 심화가 가져온 모순의 극대화와 이에 대한 해결책 모색의 결과이기도 했다.

허시먼은 이 시기에 독일의 베를린 대학, 프랑스의 소르본 대학, 영국의 런던 정경 대학 등을 거쳐 1938년 약관 23세에 이탈리아의 트리에스테 대학에서 경제학 박사 학위를 받았다. 당시 학문의 정상에 있던 교육기관을 모두 거친 셈이며, 이러한 유럽식 교육은 경제학을 뛰어넘어 다방면의 영향력 있는 저술 작업을 하는 데 지대한 영향을 미쳤다. 또한 이 시기에 허시먼은 스페인 내전에서 반나치 진영에 가담하여 한나 아렌트^{Hanna Arendt}를 비롯한 유럽 지성들을 나치의 박해로부터 탈출시키는 일을 했으며, 이후에는 프랑스군으로, 1941년 미국으로 이주한 뒤에는 미군으로 2차 대전에 참전했다.

한편 허시먼의 30~40대는 경제학자로서 명성을 날리면서 현장 경험에 많은 시간을 할애한 시기이다. 2차 대전이 끝난 후인 1946년부터 1952년까지는 미국의 연방준비제도이사회에서 일하면서 전

후 유럽의 경제를 부흥시키기 위한 마셜 플랜Marshall Plan에 참여했고, 1952년부터 1956년까지는 남미 콜롬비아 정부의 경제고문을 지냈다. 이러한 경험은 허시먼의 경제학 연구 주제를 자연스럽게 발전 경제학Development Economics의 영역으로 확장시키는 계기가 되었다. 특히 남미 지역에 관한 그의 지속적 관심은 이 시기의 경험이 큰 역할을 한 듯하다. 1958년 허시먼이 집필한『경제 발전 전략론The Strategy of Economic Development』에 등장하는 '전방 혹은 후방 연계 효과forward and backward linkage effect'라는 개념은 한국에서 경제성장에 관한 이론이 전개되던 1970년대에 소개되어 유명해지기도 했다.[2]

50대 이후, 즉 1970년대 이후는 허시먼이 예일, 컬럼비아, 하버드 대학 그리고 프린스턴고등연구소Institute for Advanced Study 등의 아카데미에 적을 두고서 발전 경제학을 넘어 지성사에 기반을 둔 사상가로서 연구에 매진한 시기다. 그리고『떠날 것인가, 남을 것인가Exit, Voice and Loyalty』(1970)는 '발전 경제학자'로서의 허시먼이 '사회 사상가'로서의 허시먼으로 변신하는 결정적 계기가 된 저서이다. 이 시기의 저작들을 보면 전통적인 주류 경제학의 맹점을 우회하여 이 책과 같이 독특하고 창의적인 경제정치학적 관점을 보

---

2 발전 경제학자로서의 허시먼에 대한 해석은 옮긴이의 논문 "알버트 허쉬만의 발전론 연구: 숨은 손이 인도하는 여러 갈래의 길"(한국정치학회보 41권 4호, 2007, 265~290쪽)을 참조하라.

여주거나 혹은 (미국정치학회가 2003년 최우수도서로 선정한) 『열정과 이해관계*The Passions and the Interests*』(1977)와 같이 서구 지성사에 기대어 서구 자본주의 발달사를 예리하고 새롭게 해석한 특징들이 돋보인다. 1982년 프린스턴 대학 출판부에서 발행한 『우리는 왜 공적인 삶을 넘나드는가*Shifting Involvements*』와 1991년 하버드 대학 출판부에서 간행한 『보수는 어떻게 지배하는가*The Rhetoric of Reaction*』도 모두 이 시기의 역작들이다. 이들 저작은 허시먼이 고령의 나이에 집필한 것임에도 불구하고 높은 학문적 평가를 얻어 빈번하게 인용되고 있으며 다양한 언어로 6~7개국에서 번역본이 출간되기도 했다.

허시먼의 60년 학문 업적을 두루 살펴본 나의 견해로는, 그의 학문적 뿌리 혹은 시발점은 『경제 발전 전략론』에서 비롯된다. 그러므로 경제학자로서의 전반부와 사상가로서의 후반부로 인위적으로 나누는 것이 무리일 만큼 그의 학문 이력은 뚜렷한 일관성 하에 다양한 주제와 해석으로 발전해나갔다고 보는 것이 타당할 것이다. 허시먼은 미국, 그것도 아이비리그라 불리는 유서 깊은 동부의 대학들에서 주로 학문 활동을 했지만, 경제학자보다는 정치학자로서 부각되었고 미국보다는 해외(특히 남미와 유럽)에 추종자가 더 많았다. 그 연유를 『논어』 자로편에 나와 널리 회자되는 화이부동和而不同이라는 문구를 통해 살펴보자.

화이부동의 정치경제학

이 책뿐만 아니라 다른 저작들에서도 일관되게 읽히는 허시먼의 세계관은 반反결정론적이며 개방적open-ended이다. 그의 글은 마르크스나 케인스 학파처럼 '거대 이론grand theory'으로 모든 것을 설명하려는 예정 조화적이고 결정론적인 접근법의 반대에 서 있다. 아울러 경제적 합리성에 바탕을 두고 사회 현상을 두루 설명하는 합리적 선택 이론, 더 나아가 이를 바탕으로 하는 신자유주의적 세계관과도 대척점에 서 있다.

그 대신 이 책의 헌사獻辭에서 드러나듯이 "조그만 생각들이 (……) 어떻게 커나갈지"(8쪽)를 밝히는 데 허시먼 사상의 특징이 있다. 『떠날 것인가, 남을 것인가』에서는 '퇴보'에 관한 작은 생각들이 자라나 참여와 경쟁을 둘러싼 숨겨져 있던 작동 방식을 찾아내 기존의 정치경제학을 새롭고 풍요롭게 만들었다. 『열정과 이해관계』에서는 '이익interest'이라는 개념에 대한 새로운 역사적 해석을 통해 자본주의 발달사를, 『우리는 왜 공적인 삶을 넘나드는가』

에서는 '실망^{disappointment}'이라는 개념을 통해 시민 사회의 동원^{動員,} mobilization과 참여를 풍요롭게 재해석하고 있다.

사물과 현상에 대한 허시먼의 이와 같은 접근 방식은 과학이라는 이름하에 법칙과 확률로 제시되는 각종 주장들이 실제로는 얼마나 많은 가능성의 세계를 사장시키고 있는가를, 그리고 우리가 당연한 것으로 받아들이는 '주어진 현상'의 이면에 얼마나 많은 우회와 번복이 내재되어 있는가를 보여준다. 한마디로 실제의 세상은 손쉬운 이분법적 분석을 넘어선다는 것이다. 이 책에서는 시장주의자들이 퇴보의 치유책으로 상정하고 있는 경쟁의 세계에 '항의'라는 개념을 도입함으로써 현실 세계에서 이들이 얼마나 다양하게 작동하는지를 생생하게 보여주고 있다.

그렇다고 세상사에 대한 이분법적 접근을 경계하는 것이 곧 이분법적 해석에 대한 무조건적 배척으로 읽혀서는 안 된다. 이 책의 결론인 9장에서 밝히고 있듯이, '경쟁'과 '항의' 메커니즘은 각각의 영역에서 퇴보의 주된 치유책으로 작동한다. 그러나 경쟁과 항의는 다양한 방식으로 상황에 따라 매우 다양하게 상호간에 영향을 주어 때로는 의도했던 바대로, 또 때로는 의도하지 못했던 긍정과 부정의 결과를 가져온다. 즉 허시먼에게 퇴보의 치유책으로서 경쟁과 항의는 각자의 고유 영역이 있기는 하지만 상호간에 매우 창의적이며 유기적으로 연결되어 있다. 그런 의미에서 정치적 개념인 항의와 경제적 개념인 이탈은 서로 다르지만 조화를 이룰 수 있는 화이부동의 정치경제학적 관계인 것이다.

이분법적 세계관을 배척하는 화이부동의 정치경제학은 우리가 실제로 경험하는 구체적이고 실천적인 정책적 판단의 영역에서는 아무리 강조해도 지나치지 않을 것이다. 어느 논자의 책 제목인 "시장인가, 정부인가"[3]처럼 정부 정책과 관련한 우리의 인식은 알게 모르게 이분법적 사고에 젖어 있기 쉽다. 그 결과 정부의 규제를 강조하는 전통적(혹은 진보적) 입장과 시장의 선택을 강조하는 신자유주의적(혹은 보수적) 입장의 양자택일을 강요받는 일이 빈번하다. 그러나 현실에서는 이러한 이분법을 넘어선 복잡 미묘한 회색 지대가 넓게 퍼져 있다. 관료제의 개혁을 둘러싼 다양한 논의라든가 방만한 공기업과 같은 거대한 준※정부 부문이 보여주는 방만과 나태의 치유책이라든가 양대 정당이 암묵적 담합으로 정치 발전을 저해할 때 캐스팅보트를 쥔 제3당의 출현이 바람직한가의 문제 등등 끝도 없는 다양한 질문들이 이 책에서 제시하고 있는 허시먼적 혜안의 대상이 될 수 있을 것이다.

....

3 Charles Wolf Jr., *Markets or Governments: choosing between imperfect alternatives*, Cambridge: MIT Press, 1993.

4 이를테면 마이클 샌델의 다음 책을 참조하라. Michael Sanders, *What Money Can't Buy: moral limits of market*, NY: Farrar, Straus and Giroux, 2013. 한국어판은 『돈으로 살 수 없는 것들』(와이즈베리, 2012)이라는 제목으로 출간되었다.

더더욱 주목할 점은 이분법적 구분의 유혹으로부터 탈출하는 허시먼의 방식이다. 경제학자답게 그는 퇴보에 대한 치유책을 선택함에 있어서 도덕철학자들이 흔히 그러하듯이[4] 손쉽게 도덕이나 규범의 영역으로 후퇴하지 않고 심리학이나 정치학 등 인접 사회과학의 생각들을 받아들여 치열하게 인간의 합리성에 근거한 치유책을 모색한다. 이 때문에 많은 논자들은 도덕과 합리적 분석을 이분법적으로 분리하지 않는 허시먼을 '희망의 경제학자 optimistic economist'[5]라고 부른다. 바로 이러한 이유로 인해 허시먼은 애덤 스미스의 정치경제학을 가장 순수하게 재현하고 있다는 해석이 가능하다.[6] 『국부론』에서는 인간의 이기적이고 합리적인 선택이 불러온 의도하지 않은 결과인 '보이지 않는 손'이 있는 반면, 『도덕감정론』에서는 이타심과 공공 도덕에 대한 찬양이 펼쳐지지 않았던가? 허시먼은 이 두 가지 측면을 현대적 상황에서 더욱 풍요롭게 화이부동의 정치경제학으로 재현하였다.

....

5 2012년 12월 23일 《뉴욕타임스》의 허시먼 부고 기사 제목("Albert Hirschman, Optimistic Economist, Dies at 97")이 대표적이다. 허시먼 또한 이러한 경향성을 자신의 책 제목 『희망을 향한 편견 A Bias for Hope』을 통해 보여주기도 했다.

6 이를테면 조슈아 터커 Joshua Tucker가 2013년 6월에 작성한 에세이 "The Purest Political Economist of Them All: Albert Hirschman's Legacy"가 대표적인 사례이다. http://themonkeycage.org/2013/06.

머리말

이 책은 미리 구상해서 쓴 것이 아니다. 나이지리아의 철도체계를 서술한 지난번 저서(『발전 프로젝트 참관기*Development Projects Observed*』 - 옮긴이)에서 이 책의 단초가 마련되었고, 이에 대해서는 4장 앞부분에 언급할 것이다. 한 논평가는 이 저서에 대해 "곳곳에 명백히 드러나지 않은 추정들이 산재해 있다"라는 말로 우회적인 비판을 표명하기도 했다. 나는 시간이 좀 흐른 뒤에 드러나지 않은 그 추정들을 파헤쳐보기로 마음먹었고, 곧 탐험에 몰두하다 보니 행동과학고등연구센터Center for Advanced Study in the Behavioral Sciences에서 이런저런 생각을 하며 여유 있게 보내려 했던 1년을 모조리 써버리게 되었다.

독자들도 짐작하겠지만 내가 1년씩이나 이 주제에 몰두한 주된 이유는 일을 진행하다 보니 우연찮게도 경제적 분석 방식으로 사회적, 정치적, 도덕적 현상에 이르는 광범위한 분야를 조명하려 했기 때문이다. 하지만 경제학을 중심으로 여타의 학문 분야를 통합하려 했던 것은 아니다. 부록에서 잘 드러나듯이, 내가 고안한 개념들은 전통 경제학의 언어로 바꿀 수 있고, 이를 통해 전통 경제학을 더욱 풍요롭게 할 수도 있을 것이다. 그러나 그 개념들은 결코 전통 경제학의 전유물이 아니다.

책을 써나가면서 이탈과 항의라는 개념이 너무 손쉽게 새로운 영역으로 확장되어가는 바람에 이들 개념이 지나치게 광범위해진 것이 아닐까 우려되었다. 그래서 책의 분량을 줄여나갔다. 다양한 경쟁과 양당체제를 비롯해서 이혼과 미국인의 특징, 흑인 민권운동은 물론이고 베트남전 패배로 '좌절했던' 고위 공직자들이 사임하지 못한 이유에 이르기까지 다양한 사건들을 하나로 엮어 해석할 방법을 알아냈기 때문에 분량을 줄이려고 마음먹지 않았더라면 책이 훨씬 두툼해졌을지도 모른다.

연구소의 환경은 이런 부류의 프로젝트를 수행하기에 매우 적절했다. 나는 동료 연구자들을 '붙들고 기나긴 대화를 나누는' 이 연구소의 전통을 십분 활용했다. 내가 보기에 이는 연구소 사람들의 주된 논의 방식이었다. 1년을 함께 보내면서 지적으로 신세진 분들의 이름은 주석에 밝혀두었다. 또한 내 작업을 전폭적으로 지원하면서 중요한 비판적 조언을 해준 개브리엘 앨먼드Gabriel Almond에게 더할 나위 없는 감사의 말을 전하고 싶다. 6장의 집필을 이끌어준 리처드 로웬탈Richard Lowenthal의 논평에 감사하며, 몇몇 기술적인 주장을 세련되게 다듬도록 도와준 티알링 코프만스Tjalling Koopmans와 스탠퍼드 경영대의 로버트 윌슨Robert Wilson에게도 고마움을 표한다.

어브램 버그슨Abram Bergson과 앨버트 피시로Albert Fishlow는 완성된 원고를 읽은 후 예리한 지적과 제안을 해주었다. 이 책을 집필하던 초창기에는 하버드와 예일 그리고 보스턴 칼리지의 세미나에서 의견을 토론하면서 상당한 도움을 받았다. 1967년 내내 데이비드 프렌치David S. French는 내 발상과 유사한 선행 연구가 있었는지를 찾아보았지만 다행히도 큰 성과는 없었다.

스탠퍼드 대학 심리학과 교수인 필립 짐바르도Philip G. Zimbardo가 나의 몇몇 가설에 관심을 갖고 실험을 통해 이를 검증해보려는 계획을 세워준 것도 고마운 일이다. 그가 제안한 연구는 이 책의 부록에 기술되어 있다.

힐더가드 테일헷Hildegarde Teilhet은 열정과 기술을 아끼지 않고 몇 번이나 내 초고를 타이핑해주었다. 또한 이전에도 내 집필에 도움을 아끼지 않았으며, 남편이 캘리포니아의 태양을 즐기도록 해준 현명한 아내에게도 감사한다.

1969년 7월

캘리포니아 스탠퍼드에서

앨버트 O. 허시먼

차례

부록

찾아보기

도표 목록

1장

서론과 이론적 배경

—

흔히 경제학자는 시장의 힘을, 정치학자는 비非시장의 힘을 신뢰한다. 경제학자는 특정 기업의 제품에 문제가 있을 때 고객들이 다른 기업의 제품을 선택하는 식으로 '이탈'하는 것이 효율적이라고 본다. 반면에 정치학자는 조직이 무너져갈 때 구성원들이 이의를 제기하며 '항의'하는 것이 바람직하다고 본다. 이렇게 보면 문제적인 상황에 대처하는 반응으로서의 이탈과 항의는 서로 분리되어 있는 듯하다. 하지만 과연 그러할까?

이 두 가지 반응은 정치와 경제를 포함하는 모든 영역에서 엿볼 수 있다. 이번 장에서는 기업이나 조직 또는 국가가 퇴보할 때 일어나는 이탈과 항의의 양상을 살펴보면서 이들의 선택과 결합 가능성에 대해 질문을 던져본다.

■

어떤 경제·사회·정치체제에서든 개인과 기업 그리고 조직은 효율적, 합리적, 합법적, 도덕적 혹은 여타의 기능적 행동에서 일탈하곤 한다. 한 사회가 기본적인 제도를 아무리 잘 고안해도 몇몇 이들은 제도가 지향하는 바와 어긋나게 행동한다. 모든 사회는 어느 정도 역기능적이거나 부정적인 행위를 용인한다. 그러나 부정행위가 늘어나 사회 전반이 부패에 물들지 않게 하려면 사회는 내부의 복원력을 발휘해서 되도록 많은 일탈자들이 본래의 기능에 필요한 행위를 하게 되돌려놓아야 한다. 원래 이 책은 경제 영역에 국한하여 복원력 회복의 문제를 탐색하려 했다. 하지만 관련 개념들을 발전시켜나가다 보니 그 개념들이 기업과 같은 경제 행위자들뿐만 아니라 다양한 비非경제 조직이나 경제 외적 상황에까지

적용 가능한 것으로 드러났다.

　도덕주의자들이나 정치학자들이 비도덕적 행동으로부터 개인을, 부패로부터 사회를, 쇠락으로부터 정부를 구하는 것에 지대한 관심을 표명했던 반면 경제학자들은 경제 행위자들의 회복 가능한 일탈 행위에 별다른 관심을 두지 않았다. 무관심의 이유는 두 가지이다. 첫째, 경제학에서는 경제 행위자들이 완전하고 일탈 없는 합리적 행위를 하거나 적어도 변함없는 수준의 합리성을 유지한다고 가정하기 때문이다. 한 기업의 성과 하락은 이윤(혹은 성장률이나 그에 상응하는 목표)을 극대화하려는 기업의 의지나 능력은 그대로이지만 공급이나 수요 상황이 나빠지면서 발생한 결과일 수 있다. 하지만 공급이나 수요는 변함없는데 '능력 혹은 에너지 극대화 원칙'이 사라지면서 벌어진 일일 수도 있다. 일반적으로는 전자(객관적 조건의 변화)로 보지만 만약에 후자(기업의 내부적 조건의 변화)라면, 어떻게 기업이 에너지를 극대화해서 원래의 상태로 돌아올 수 있을까라는 질문을 해보게 된다. 전자의 해석을 따를 경우 수요-공급의 변화를 이전 상태로 되돌리는 것은 객관적으로 어려운 일이다. 바꿔 말하면, 전형적인 경제학자들은 기업의 흥망성쇠에 '충분히 그럴 만한 이유'가 있다고 가정했다. 이 책에서 중점적으로 다루는, 간혹 벌어지거나 그리 어렵지 않게 '회복할 수 있는 일탈'의 문제는 전형적인 경제학자들의 논리로 보면 매우 생소한 것이다.

경제학자들이 일탈의 문제에 무관심한 두 번째 이유는 첫 번째 이유와 관련이 있다. 전통적인 시장경제 모델에 따르면 일탈로부터의 회복은 결코 중요한 문제가 아니다. 치열한 경쟁 끝에 한 회사가 밀려나게 되면 새로운 진입자를 포함한 다른 회사가 밀려난 회사의 시장 점유분을 흡수하고 고용까지 승계하게 되어 결과적으로 전체 자원은 더욱 잘 분배된다. 이런 그림이 머릿속에 있으므로 경제학자들은 그들의 환자(이를테면 기업)가 어느 정도 일탈해도 훨씬 느긋하게 바라볼 여유가 있다. 반면에 각각의 고유한 내재적 가치를 간직한 개인이라는 환자를 다루는 도덕주의자들이나 존재 자체가 독특해서 대체 불가능한 국가라는 환자를 다루는 정치학자들은 그렇지 못하다.

경제학자가 일탈의 문제에 무관심한 이유를 설명했는데, 그 주장이 정말 타당한지 되물어보자. 어떤 회사의 흥망성쇠를 그 회사 제품의 비교우위에 근본적인 변화가 생겼기 때문이라고 간주하는 완전경쟁 체제의 경제상經濟象은 분명 현실 세계를 잘못 설명하고 있다. 우선 널리 알려진 독점, 과점 그리고 독점적 경쟁의 광활한 영역이 있다. 이러한 경제 영역에서 운영되는 기업들은 성과가 악화되면 좀처럼 회복하기 힘든 비효율과 나태에 빠질 가능성이 크다. 만일 정치체政治體가 (독과점과 같은) 투쟁, 부패, 나태의 위협을 받는다면 정치학자들은 분명 이 현상에 대해 상당한 경계심을 가지고 접근할 것이다. 심지어 경쟁이 치열한 곳에서 일시적으로 뒤처진 기업이 활력을 되찾을 가능성에 대해서조차 경제학자들이 무관심한 것은 결코 정당화될 수 없다. 기업은 가격이나 수요의 상황이 영구적으로 불리해진 탓에 쇠락하기도 하지만, 원상태로 돌이키거나 복구할 수 있는, 즉 임의적이거나 주관적인 요소 때문에 쇠락하기도 한다. 이 경우 원상회복 메커니즘이 있다면 사람들이 겪을 고충뿐만 아니라 사회적인 손실도 줄일 수 있을 것이다.

이런 지적에 대해 사람들은 경쟁 자체가 이미 원상회복 기제로 작동하고 있지 않느냐며 이런 질문을 던지기 십상이다. 경쟁을 하면 기업에 항상 '활력이 넘치지' 않는가? 만약 기업이 이미 휘청거리고 있다면 경영자는 순이익의 감소와 경쟁을 통한 퇴출의 위협을 경험했기 때문에 더욱 노력해서 기업의 성과를 원상태로 되돌려놓지 않겠는가?

경쟁이 원상회복을 위한 중요한 메커니즘이라는 사실에는 의심의 여지가 없다. 그러나 여기서 주장하고 싶은 것은 (1) 경쟁의 함축적인 의미가 아직 상세히 설명된 적이 없고, (2) 경쟁 메커니즘을 적용하기 힘든 경우 중요한 대안 메커니즘이 경쟁의 보충 기제로 작동할 때가 있다는 것이다.

'이탈'과 '항의'란 무엇인가

우선 고객에게 판매할 상품을 생산하는 기업을 염두에 두고 논지를 펴보겠다. 그러나 이 논지는 금전적 보상을 받지 않고 회원들에게 서비스를 제공하는 조직(이를테면 자발적 결사체나 노동조합 또는 정당)에도 일반적으로 (때로는 원칙적으로) 적용 가능할 것이다. 기업이나 조직의 성과는 불특정하고 임의적인 이유 때문에 하락할 수 있다. 물론 이러한 성과 부진은 경영자가 자신의 임무를 열심히 수행해도 회복하지 못할 만큼 강력하거나 지속적인 것은 아니다. 기업이나 조직의 성과 하락은 해당 기업이나 조직의 상품이나 서비스 **품질**의 절대적 혹은 상대적 저하로 나타난다.[1] 이때

----

1 독점 혹은 독점적 경쟁 하의 기업에서 기업의 성과 하락은 비용과 가격의 상승 혹은 품질 하락과 가격 상승의 조합으로 나타날 수 있다. 그런데 완전경쟁시장 체제에서는 가격 혹은 품질의 변화가 불가능하다. 비현실적이지만 널리 용인되고 있는 완전경쟁시장의 가정에서는 성과 하락이 오로지 비용의 증가로만 나타난다. 완전경쟁시장에서는 가격과 품질이 변하지 않으므로 이러한 상황은 즉각 순이익의 감소로 이어진다. 따라서 완전경쟁하에서 경영자는 뭔가 잘못되고 있다는 것을 오직 기업의 재정 상황을 통해서만 알 수 있다. 이러한 경우 경영자는 기업이 어떻게 돌아가는지 알지 못하는 고객들에

경영진은 두 가지 우회로를 통해 무언가가 잘못되고 있음을 알게
된다.

(1) 고객이 더 이상 기업의 제품을 구매하지 않거나 회원이 조직
    을 탈퇴한다. 이것이 이탈exit 방식이다. 그 결과 이윤이 하락하
    고 회원 수가 줄어든다. 경영진은 이런 사태의 원인을 알아내
    해결 방안을 찾아야 한다.
(2) 기업의 고객이나 조직의 회원은 경영진 혹은 상부 기관에
    직접 불만을 알리거나 여러 방식을 통해 이를 관심 계층에
    전달한다. 이것이 항의voice 방식이다. 그 결과 경영진은 다시
    한 번 사태의 원인을 찾아내 고객이나 회원의 불만을 잠재
    우려 한다.

이 책의 나머지 부분에서는 대체로 이 두 가지 방식의 비교 분석
과 상호작용을 다룰 것이다. 내가 던질 질문들은 다음과 같다. 어떤
조건에서 이탈 방식이 항의 방식보다 혹은 항의 방식이 이탈 방식
보다 나은가? 어느 방식이 원상회복을 하려고 할 때 효율성이 높은
가? 두 방식은 어떤 상황에서 서로 도움이 되는가? 두 방식을 가장

....

게서 어떠한 정보도 입수할 수 없다. 여기에 소개된 일련의 현상들은 완전경쟁 모델에
서는 있을 수 없는 일이므로 경제학자들이 별다른 관심을 보이지 않는 듯하다.

잘 뒷받침하는 제도는 무엇인가? 이탈 방식에 초점을 맞춘 제도는 참여를 통한 개선에 기초한 제도와 공존이 가능한가?

경제사상에 나타난 퇴보의 자유와 느슨함

　이런 질문들에 답하기 전에 한발 물러나 이 책의 주제가 경제학과 사회과학에 어떻게 관련되는지를 살펴보자.

　나는 동물의 행동을 연구하는 (행동과학고등연구센터) 학생들과 영장류의 사회조직에 관한 이야기를 나누면서 인간 사회에서는 엄청난 난제인 권력 승계가 영장류의 세계에서는 매우 원만하고 효율적으로 이뤄지고 있음을 알게 되었다. 한 마리의 수컷 지도자가 다스리는 전형적인 망토개코원숭이 집단에서 어떻게 권력이 승계되는지 살펴보자.

　　미성년인 수컷은 어미에게서 매우 어린 암컷을 훔쳐온 후 어미 흉내를 내며 지극정성으로 보살핀다. 어린 암컷은 매우 엄격한 통제하에서 반복 훈련을 받으면서 어미에게 도망가지 못한 채 수컷과 머물게 된다. (……) 이 시기의 암컷은 가임기가 아직 2~3년 남았으므로 어떤 성적 행위도 하지 않는다. (……) 어린 수컷들이 성장하고 지배자가 나이 듦에 따라 궁극적인 결론은 늙은 원숭이들의 선택에 따르지만 젊은 수컷들이 집단의 이동을 주도하기 시작한다. 이 두 원숭이 무리 간에 고도의 복잡한 관계가 형성되면서 서로 주의를 기울이고 '통보'하여 집단의 이동 문제를 협력적으로 해결한다. 아직까지는 늙은 원숭이 무리가 집단의 방향을 통제하지만 암컷에 대한 성적 통제는 서서히 젊은 수컷 무리에게로 이전된다. (……) 결국 늙은 수컷들은 무리 전체에 대한 영향력은 계속 유지하되 원래의 재생산 단위에서 물러나고, 젊은 수컷들은 (특히 무리의 이동 방향에 대해) 그들에게 지속적인 자문을 구하는 것으로 보인다.[2]

원숭이들은 놀라울 만큼 서서히 그리고 지속적으로 일을 진행시킨다. 이를 '좋은' 정부의 뒤를 이어 '나쁜' 정부가, 아울러 강하고 현명하고 좋은 지도자의 뒤를 이어 허약하고 어리석은 악한들이 나타나는 인간 사회의 폭력적인 부침과 비교해보라!

인간이 훌륭한 지도력을 계속 보장해주는 정교한 사회 과정을

---

2 John Hurrell Crook, "The Socio-Ecology of Primates", in J. H. Crook, ed., *Social behaviour in Birds and Mammals*, London: Academic Press, 1970(원서에서는 미출간 상태의 논문을 인용했으며, 향후 책으로 출판되었기에 이를 수정해서 밝혀둔다-편집자). 인용문은 다음 논문을 요약한 것이다. Hans Kummer, "Social Organization of Hamadryas Baboons", *Bibliotheca Primatologica*, no. 6, Basle: S. Karger, 1968.

개발하지 못한 이유는 아마도 그럴 필요가 없었기 때문일 것이다. 대부분의 인간 사회에는 기본적인 생존 이상의 잉여가 존재한다. 이 잉여는 인간 사회가 악화되었을 때 대처하기 위한 것이다. 원숭이에게는 치명적일 수도 있는 낮은 수준의 성과가 인간에게는 단지 (적어도 초창기에는) 불편한 정도일 것이다.

인간 사회는 꾸준한 생산력의 증대와 환경의 지배 덕분에 상황 악화에 대해 상당한 여유를 갖게 되었다. 성과가 최대치에 비해 하락하거나 꾸준히 평범한 수준에 머무는 것은 진보가 지불해야 하는 수많은 대가 중 하나다. 따라서 정치체나 그 내부의 구성 요소에서 모든 퇴보의 가능성을 제거하는 사회적 구성을 기대하기란 불가능하다. 잉여와 그에서 비롯된 여유 때문에 인간 사회에 내재되어 있을지 모르는 항상적인 통제는 순조롭지 못하게 되었다.

이와 같은 별로 유쾌하지 못한 진실은 반복되는 유토피아적 환상 때문에 제대로 인식되지 못했다. 이에 따르자면, 경제적 진보는 한편으로는 인간 사회에 기본적 생존 이상의 잉여를 증가시키지만 다른 한편으로는 잉여에서 비롯되는 잘못된 정치 과정을 엄격한 원칙과 제재로 근절시킨다. 18세기 상업과 산업의 확산이 환영받은 것은 이로 인한 복리 증진 때문이라기보다는 군주의 자의적인 행동에 강력한 제재를 가함으로써 체제가 타락하는 것을 줄이거나 막을 수 있다고 믿었기 때문이다. 제임스 스튜어트 경의 저서 『정치경제학 원리의 연구』(1767)에는 그런 생각이 잘 드러나 있다.

> 정부의 메커니즘이 현재보다 훨씬 단순했던 예전에는 정치혁명이 일어나면 극심한 여파가 즉각 이어졌지만, 이제는 정교한 근대 경제체제의 도입으로 혁명의 여파는 잘 통제되어 그렇지 않았더라면 창궐했을 악을 쉽게 제어할 수 있게 되었다. (……)

> 절대 군주 국가의 헌법에 기초한 근대 군주의 권력은 경제계획이 수립되자마자 즉시 제약당한다. (……) 군주의 권위가 이전에는 쐐기를 박는 힘과 견고함을 닮았다면(쐐기는 통나무나 석재 혹은 그와 유사한 강한 물질을 쪼개는 데 사용되며, 기분 내키는 대로 집어 들거나 버려둘 수 있다) 이제는 궁극적으로 시계의 정교함을 닮게 될 것이다. 시계란 시간을 재는 이외의 다른 용도로 쓰거나 함부로 다루면 즉시 고장 나는 것처럼 (……) 근대 경제는 전제 군주제의 어리석음을 제어하기 위해 이제껏 고안된 가장 효율적인 억제책이다.[3]

---

3 Sir James Stuart, *Inquiry into the Principles of Political Economy*, Chicago: University of Chicago Press, 1966, vol. I, pp. 277~279.

이와 같은 고상한 희망은 약 200년 후에 한 남미 지식인이 남긴 글과 닮은꼴이다. 그 글은 어떤 일이 일어나더라도 경제적 진보와 사회적 퇴보에 대한 용인은 (긍정적이라기보다는) 부정적인 상관관계에 있다고 주장하고 있다.

> (커피의 시대가 도래하기 전 정책 결정자들은) 생산량이 증가하고 있는 이 산물이 얼마나 귀중한 것인지 짐작하지 못한 탓에 목가적이고 낭만적이었다. 자유로이 뛰노는 어린 시절 같은 시기이다. 커피는 성숙과 진지함을 가져다줄 것이다. 커피는 콜롬비아인들이 더 이상 국가경제를 제멋대로 가지고 노는 것을 허락하지 않을 것이다. 이념적 절대주의 시대는 가고 신중함과 명징의 시대가 도래할 것이다. (……) 커피는 무정부 상태와 같이 갈 수 없다.[4]

제임스 스튜어트 경과 니에토 아르테타는 경제성장과 기술의 진보가 '전제주의', '무정부 상태' 그리고 무분별한 행동에 튼튼한 방어벽을 쳐주리라고 기대했다. 하지만 역사는 이들의 예상을 무참하게 깨뜨렸다. 그렇다고 해서 이런 사상들이 멸종된 것은 아니다.

....

4 Luis Eduardo Nieto Arteta, *El café en la socoedad colombiana*, Bogotá: Breviarios de orientación colombiana, 1958, pp. 34~35. 니에토 아르테타 사후에 출간된 이 에세이는 '라 비올렌시아la violencia'(스페인어로 '폭력'을 뜻한다 – 옮긴이)라고 알려진 피비린내 나는 폭동이 일어나기 1년 전인 1947년에 쓰였다. 시기적인 맥락을 고려해본다면, 이는 제임스 스튜어트가 나폴레옹이 발흥하기 얼마 전에 전제주의가 확실히 점령될 것이라고 쓴 것과 유사하다.

실제로 오늘날 만연한 믿음들, 일례로 세계대전이 일어나는 것은 상상도 못할 일이므로 핵시대에 전쟁이 발발하는 것은 불가능하다는 믿음과 완전히 무관한 것은 아니다.

이와 같은 사고체계는 단순하게 설명하자면 다음과 같은 공통의 가정을 하고 있다. 기술의 진보가 사회 잉여를 기본적 생존 수준 이상으로 증가시키면 이는 곧 사회를 극도로 정교하고 복잡하게 만들고, 그러면 이전에는 불행하지만 견딜 만한 결과들을 가져왔던 특정 유형의 사회적 일탈 행위들이 너무 선명하게 파괴적인 것으로 드러나면서 전보다 훨씬 강하게 금지된다는 것이다.

그 결과 사회는 잉여 상태에 이르렀다가 또다시 잉여가 아닌 상태에 처하게 된다. 즉 사회는 잉여를 마음대로 생산할 수도 없고 예상보다 적게 생산할 수도 없다. 그 효과로 사회적 행위가 단순하고 엄격하게 처방 통제되어 비非잉여, 즉 겨우 생존이 가능한 상황과 유사해진다.

경제학자라면 이 상황과 완전경쟁 모델의 유사성을 간과하지 않을 것이다. 왜냐하면 이 모델에 기본적으로 동일한 모순이 내재되어 있기 때문이다. 즉 사회는 전반적으로 안정적이면서 지속적으로 증가하는 잉여를 산출하지만 개별 기업을 따로 떼어보면 근근이 지내는 수준이기 때문에 한발만 잘못 디디면 끝장이다. 그 결과 모든 개인은 항상 최상의 상태로 성과를 내고 사회는 전반적으로 모든 경제적 가용자원이 총동원되는(영원히 팽창하는) '생산가능곡선'에 놓여진다. 이와 같은 빈틈없는 엄격한 경제$^{taut\ economy}$의 이미지는 경제 분석에서 특권적 지위를 누려왔고, 완전경쟁이 거의 현실성 없는 순수 이론적 구조물이라는 사실이 밝혀진 뒤에도 사정은 전혀 달라지지 않았다.

이와 같은 관측들을 종합해보면, 인간은 기본적으로 잉여생산 능력에 대해 이중적 태도를 가진다는 것을 알 수 있다. 인간은 잉여를 좋아하지만 그 대가를 지불하는 것은 두려워한다. 진보는 포기할 생각이 없으면서도 (다른 모든 생명체와 마찬가지로) 기본적인 욕구를 충족시킬 필요에 빠져들 때면 자신을 규제하는 단순하고 엄격한 행동의 제약을 바라는 것이다. 낙원 신화의 밑바닥에 이처럼 행동을 제약하고 싶어하는 욕망이 있다는 것을 누가 알겠는가? 누구도 쉽게 받아들이기 어렵겠지만, 인간이 다른 생명체를 각박하게 제약하는 조건에서 벗어나는 것이 바로 그 조건에 다시 속박되는 것이라 해도 무방할 것이다. 급진적으로 보이지만 실제로는 매우 단순한 상상력이 그들이 그리도 바라던 속박의 조건들을 정확

히 그 반대쪽인 에덴동산으로 변형시켜버렸다.[5]

하지만 또 다른 측면이 있으니 낙원을 떠나 사회사상의 관점에서도 이 문제를 살펴봐야 한다. 잉여가 생존에 필요한 수준 이상으로 생산될 경우 최대한의 능력을 발휘해 잉여를 최대치로 끌어올리지 않을 수도 있다는 단순한 생각을 전혀 하지 못했던 것은 아니다. 실제로 (완전경쟁의) 전통적인 엄격한 경제 모델과 더불어 느슨한 경제slack economy 이론의 요소들도 찾아볼 수 있다. 여기서 느슨하다는 것은 실업이나 경기 불황을 지칭하는 것이 아니다. 이런 현상들과 관련된 느슨함은 거시경제의 기능 미비에서 비롯된 것으로서 개인과 기업은 최대의 만족이나 이윤을 얻지 못해 불만을 갖게 된다. 또한 여기서 말하는 느슨함은 기업, 특히 거대 기업들이 극대화하고자 하는 이윤, 성장, 시장 점유, 공동체적 호의 또는 이 모든 목표들의 복합 함수를 둘러싼 논쟁에 관한 것이 아니다. 이 논쟁을 관통하는 가정은 기업이 어떤 일에든 최선을 다하고, 심지어 최선을 다한다는 것의 기준이 뚜렷하지 않더라도 최선을 다한다는 것이다. 마지막으로 나는 독점적 요소나 외부경제로

....

5 새뮤얼 존슨(18세기 영국의 유명한 작가이자 지식인 – 옮긴이)도 우화집 『아비시니아의 행복한 계곡*Happy Valley of Abyssinia*』에서 이와 유사한 생각을 보여주고 있다. 라셀라스 왕자는 천국과 같은 계곡에서 느끼는 불만족을 언급하면서 자신의 상황을 풀을 뜯는 염소들과 비교한다. "무엇이 인간과 그 밖의 창조물들을 구별해주는가? 내 곁에서 노니는 모든 금수들도 나와 똑같은 육체적 필요조건이 있다. 배가 고프면 풀을 뜯고, 목마르면 시냇물을 마시고, 갈증과 배고픔이 진정되면 만족하여 잠든다. 다시 일어나 배고프면 밥을 먹고 다시 쉰다. 나도 금수와 진배 없이 배고프고 목마르지만 배고픔과 목마름에서 벗어난 후에도 나는 평온히 쉬지 못한다. 나도 금수처럼 결핍 때문에 고통받지만 금수와 달리 충만함으로도 만족하지 못한다." Samuel Johnson, *Rasselas*, vol. 2.

인해 생산자나 소비자가 의식적으로 최선을 다해도 사회적 최적을 창출하는 데는 실패할 것이라고 주장하는 저서들에는 별 관심이 없다. 이러한 저서들은 실제 산출과 최대 산출 사이에 차이가 나는 이유를 미시경제 수준에서 '최선을 다하지 않는 것'에서 찾고 있지 않다. 그러나 최근 들어 그러한 가능성에 점차 관심이 고조되고 있다.

사이먼은 기업이 가능하면 최대치의 이윤보다는 '만족할 만한' 이윤을 목표로 한다는 주장을 함으로써 이 분야에 획기적인 기여를 했다.[6] 사이먼의 이러한 생각은 '조직의 느슨함organizational slack'이라는 개념을 소개한 사이어트와 마치의 『기업행동론』(1963)[7]에서도 상당한 지지를 받고 있다. 비슷한 시기에 게리 베커는 경험적으로 검증된 미시경제의 몇몇 기본 정리들(예를 들면 개별 상품에 대한 시장 수요곡선은 음陰의 기울기를 갖는다)이 철저하게 합리적인 가정에 근거한 것임에도 대다수 소비자나 생산자의 불합리하고 비효율적인 행위와 일치하고 있음을 보여주었다.[8] 그 후에도 라이벤스타인 같은 저자들이 느슨함의 중요성을 재차 강조한 바 있다.[9]

....

6 H. A. Simon, "A Behavioral Model of Retional Choice", *Quarterly Journal of Economics*, no. 69, 1952, pp. 98~118. 1933년 노스웨스턴 대학 기업연구소가 발간한 호러스 시크리스트Horace Secrist의 저서 『기업에 있어 평범함의 승리The Triumph of Mediocrity in Business』는 이제는 완전히 잊힌 유사한 주제에 대한 초기 연구다. 이 책은 초기에 낮은 성과를 내던 기업이 점차 개선의 여지를 보이는 반면 초기에 높은 성과를 내던 기업은 대체로 퇴보한다는 사실을 정교한 통계를 통해 보여주고 있다.

7 Richard M. Cyert and James G. March, *Behavioral Theory of the Firm*, Englewood Cliffs, N. J.: Prentice-Hall, Inc., 1963.

8 Gary S. Becker, "Irrational Behavior and Economic Theory", *Journal of Political Economy*, no. 52, February 1962, pp. 1~13.

마지막으로, 최근 많은 논란을 불러일으킨 글에서 포스탠 교수는 영국의 경제병은 거시경제 정책의 잘못보다는 미시경제적 느슨함에 초점을 맞춰야 더 잘 이해된다고 주장했다.

> 많은 (아마 거의 모든) 경제적 질병의 원인은 저축률이 너무 낮거나 물가가 너무 높거나 혹은 연구개발에 충분히 자원을 배분하지 못한 것과 같은 과정상의 문제보다는 경제의 몸통을 구성하는 각각의 세포가 행한 관리, 디자인, 판매 기술 혹은 노동조합 활동의 실패에서 발견될 것이다.[10]

발전에 대해 유사한 입장을 취했던 나도 이러한 저서들에 상당한 친근감을 느끼고 있다. 1958년에 출판한 『경제 발전 전략론』의 기본 명제도 "발전은 주어진 자원과 생산요소들을 최적으로 조합하는 것보다는 여기저기 숨어 있거나 제대로 활용되지 못하는 자원과 능력을 발전 목표에 맞게 이끌어내 정렬시키는 데에서 찾을수 있다"는 것이었다.[11] '느슨함'은 나중에 린드블롬과 공저한 논문에서 기본 주장을 요약하면서 썼던 용어다.

....

9 Harvey Leibenstein, "Allocative Efficiency versus X-Efficiency", *American Economic Review*, no. 56, June 1966, pp. 392~415.

10 M. M. Postan, "A Plague of Economists?", *Encounter*, January 1968, p. 44.

11 Albert O. Hirschman, *The Strategy of Economic Development*, New Haven: Yale University Press, 1958, p. 5.

(경제) 발전의 특징적 국면이 부문 간의 불균형으로 나타나 정부나 사기업에서 개입하여 대응할 수밖에 없는 경우, 특정 시점에서 경제자원의 양이 엄격하게 고정되어 있는 게 아니라 좀더 많은 자원과 생산요소를 끌어다 쓸 수 있다고 생각할 수 있다. (……) 바로 이 시점에서 확실치는 않지만 매우 중요한 가정으로 경제에는 어느 정도의 '느슨함'이 있기 때문에 압력을 가하면 추가적인 투자, 노동, 생산성 그리고 의사결정을 쥐어짜낼 수 있다는 것이 있다.[12]

경제의 느슨함은 다양한 방식으로 설명되었다. 라이벤스타인은 생산함수를 둘러싼 불확실성, 경영과 여타 기술의 비시장성 nonmarketability을 강조한다. 사이어트와 마치는 주로 요소를 투입하고 물품을 생산 판매하는 일에 필수적인 각종 이해관계자 연합 간의 협상 과정에 주목한다. 다소 유사하게, 나는 발전에 관한 의사결정을 하는 데 필요한 기업가적이고 협력적인 행동을 방해하는 요소들의 존재를 강조했다.

경제 전체나 개인적인 경제 행위자가 예상과는 동떨어진 행동을 한다는 놀라운 사실을 알게 되면 이에 대한 반응은 대개 두 가

---

12 Albert O. Hirschman and C. E. Lindblom, "Economic Development, Research and Development, Policy Making: Some Converging Views", *Behavioral Science*, no. 7, April 1962, pp. 211~212.

지로 나타난다. 즉각적이고 가장 두드러진 반응은 느슨함을 다잡아 이상적인 엄격한 경제로 되돌리는 방안을 확고하게 모색하는 것이다. 경쟁의 압력이 충분치 않다고 생각하는 한, 강력한 압박을 가하게 될 것이다.[13] 환경을 자주 바꿈으로써 기업이 '바짝 긴장하게' 하는 것은 기업의 잠재력을 끌어올려 성과를 높이는 방안이 될 것이다.[14] 압박의 또 다른 방안으로서 쇄신을 상정할 수 있는데, 이 경우 파업이나 전쟁이 유발하는 집중의 미덕이 강조되기도 한다.[15] 내 연구의 경우 부문 간 또는 부문 내 불균형과 같은 압력 메커니즘에 초점을 맞추는 동시에 성과가 저조할 때 높은 벌칙을 부과하거나 아예 저조한 성과 자체를 용인하지 않는 생산 과정에 초점을 맞추었다.[16] 마지막으로 사회혁명 주창자들이 기여한 사고방식으로, 그중 가장 매력적인 주장은 오직 혁명적 변화만이 잠들어 있고 억압받으며 소외되어 있는 풍요로운 인간의 에너지를 해방시킬 수 있다는 것이다.[17]

느슨함에 대한 아주 다른 반응도 있을 수 있다. 느슨함의 존재가 이 정도였나 하고 놀라던 초기의 충격에서 벗어나면, 연구자는 느슨함이란 결국 위장된 축복이 아니었나 하는 의문을 갖게 된다. 사이어트와 마치는 느슨함이 의도하지 않은 잠재적인 중요한 기능

---

13 Leibenstein, *op. cit*.

14 Charles P. Bonini, "Simulation of Information and Decision Systems on the Firm", unpub. diss. Carnegie Institute of Technology, 1962.

15 Nathan Rosenberg, "The Direction of Technological Change: Inducement Mechanisms and Focusing Devices", *Economic Development and Cultural Change*, no. 18, October 1969.

16 Hirschman, *op. cit*., chs. 5~8.

을 수행하리라고 보았다. 그들의 지적에 따르면 느슨함을 통해 적대적 시장 등을 이겨낼 수 있다는 것이다. 경기가 어려울 때 느슨함은 마치 저수지처럼 과다하게 지출되었던 비용을 절감시켜주고, 시도하지 않았던 혁신에 도전하게 해주며, 한때는 기피했던 공격적인 판매 행위를 할 것이다. 정치체의 느슨함도 이와 매우 유사한 맥락에서 합리화되었다. 민주주의가 제대로 작동하기 위해서는 시민들이 최대한 참여해야 한다고 배운 정치학자들은 시민들이 종종 그들의 정치적 자원 중 일부만을 사용한다는 것을 발견하고서 처음에는 실망한다. 그러나 얼마 지나지 않아 어느 정도의 무관심이 정치체제에 보완적인 이점이 되어줄 뿐만 아니라 안정성과 유연성에 기여함으로써 위기 상황에 대비해 정치적 자원을 '예비적으로 축적'하는 것임을 알게 되었다.[18]

느슨함을 발견했을 때의 즉각적인 반응은 어느 정도 느슨함을 합리화하거나 역경, 불균형, 혁명 등의 외부적인 힘을 불러들여 과도한 느슨함을 박멸하는 것이었다. 그러나 이 두 가지 접근은 느슨함을 개인, 기업, 조직의 실재와 잠재력 간의 차이로 볼 뿐이다. 이책은 여기서 더 나아가 느슨함이 중요하며, 곳곳에 스며 있는 현상임을 밝히려 한다. 즉 느슨함이 특정 시점에 출현하여 일정 양만

17 예를 들면 다음 책을 보라. Paul Baran, *The Political Economy of Growth*, New York: Monthly Review Press, 1957.

18 이 책의 83~85쪽을 참조하라.

큰 존재하는 것일 뿐만 아니라 잉여를 생산하는 인간 사회의 주된 특징인 엔트로피의 결과로서 지속적으로 생성되고 있다고 가정한다. 한마디로 '느슨함은 매순간 태어난다'. 제아무리 기능을 잘 고안해서 제도적 틀을 갖춘다 해도 기업 등의 조직은 합리성, 효율성, 잉여생산 에너지를 서서히 잃어가는 지속적이고 임의적인 퇴보와 쇠락에 노출되기 마련이다.

퇴보는 언제나 공격을 멈추지 않고 존재하는 힘이라고 생각하는 이 급진적 비관주의는 스스로 고유의 치유책을 만들어낸다. 왜냐하면 퇴보가 (비록 어떤 영역에서는 항상 두드러지지만) 언제 어디서나 이론의 여지가 없는 힘을 발휘하지 않는 이상 쇠락의 과정 그 자체가 퇴보에 반대하는 어떤 힘을 작동시킬 것이기 때문이다.

경제와 정치의 체현으로서 이탈과 항의

이와 같은 내재적인 회복력의 성격과 강점을 살펴볼 때 연구의 방향은 둘로 나뉜다. 경제의 영역과 정치의 영역 사이에 존재하는 더욱 근본적인 갈등에 지나치게 구애받지 않는다면, 내재적인 회복력은 언제나 상호 배타적이진 않지만 때로는 서로 상반되기도 하는 이탈과 항의라는 두 영역으로 매우 깔끔하게 분류된다. 이탈은 경제의 영역에, 항의는 정치의 영역에 속한다. 어떤 고객이 한 기업의 제품이 마음에 들지 않아 다른 기업의 제품을 구매했다면, 이는 자신의 행복을 유지하거나 상태를 개선하기 위해 시장을 이용한 것이다. 그렇게 함으로써 시장의 힘을 작동시키고, 상대적으로 성과가 하락한 기업도 회생시킬 수 있을 것이다. 바로 이런 메커니즘 속에서 경제학은 번창할 수 있다. 이 메커니즘은 깔끔하다(소비자는 선택하든 말든 둘 중 하나다. 거기에는 인격적 요소가 개입되지 않는다). 고객과 기업의 대립에서 나타나는 평가나 예측 불허의 요소를 비켜갈 수 있기 때문에 일련의 통계 수치를 살펴보며 기업의 성패를 알 수 있다. 또한 이 메커니즘은 간접적이다. 쇠락하는 기업의 회복 여부는 고객의 이탈 가능성이라는 의도치 않은 부산물, 즉 '보이지 않는 손'에 달려 있다. 모든 점에서 항의는 이탈의 정반대에 놓여 있다. 항의는 낮은 목소리의 불평에서부터 격렬한 불만 토로에 이르기까지 다양하기 때문에 훨씬 '깔끔하지 못한' 개념이다. 이는 슈퍼마켓의 익명성처럼 개인적으로 '비밀'투표를 하기보다는 비판적 견해를 분명하게 드러내는 것이다. 마지막으로

이 메커니즘은 우회적이기보다는 직접적이고 직설적이다. 항의는 무엇보다도 특히 정치적인 행위다.

자연스럽게 경제학자는 이탈이 훨씬 효율적이고 실제로 심각하게 고려해야 할 유일한 방안이라고 생각하기 쉽다. 이러한 편견의 대표적인 예로 공교육 체제에 시장 메커니즘을 도입하자고 주장한 밀턴 프리드먼의 유명한 글이 있다. 그 주장의 핵심은 취학 연령 아동을 둔 부모들에게 특별한 목적의 쿠폰을 나눠주자는 것이다. 이 쿠폰으로 학부모들은 사기업들이 경쟁적으로 제공하는 교육 서비스를 살 수 있다. 그의 주장을 들어보자.

> 학부모들은 아이들을 한 학교에서 다른 학교로 전학시킴으로써 학교에 직접적으로 의사를 표현할 수 있었고, 이는 지금보다 예전에 훨씬 수월했다. 오늘날에는 일반적으로 학부모가 이런 조치를 취하려면 주소지를 변경해야만 한다. 그렇지 않을 경우 학부모들은 오로지 성가신 정치적 채널을 통해서만 의사 표현을 할 수 있다.[19]

여기에서 프리드먼의 제안에 대해 논할 생각은 없다.[20] 오히려

----

19 Milton Friedman, "The Role of Government in Education", in Robert A. Solo, ed., *Economics and the Public Interest*, New Brunswick, N. J.: Rutgers University Press, 1955, p. 129. 이 글의 개정판은 프리드먼의 저서 『자본주의와 자유*Capitalism and Freedom*』에 수록되어 있다. 강조는 필자가 한 것이다.

20 이에 대한 우호적인 논평은 다음을 참조하라. Henry M. Levin, "The Failure of the Public Schools and the Free Market Remedy", *The Urban Review*, no. 2, June 1968, pp. 32~37.

나는 항의 방식은 반대하고 이탈 방식만을 선호하는 경제학자들의 편견을 거의 완벽하게 드러낸 예로 위의 인용문을 들고자 한다. 첫째로, 프리드먼은 자퇴 또는 이탈이 어떤 조직에 대한 거부를 "직접적으로" 표출한 것이라 여긴다. 경제학적 훈련이 덜 된 사람이라면 순진하게 자신의 거부 의사를 직접 표현하는 것이 자신의 견해를 밝혀버리는 것이라고 생각할 수도 있겠다! 둘째로, 프리드먼은 어떤 견해가 항의 방식을 통해 우위를 점하는 것을 경멸하면서 "성가신 정치적 채널"이라는 표현을 썼다. 그러나 이 채널을 파헤치고 사용함으로써 느리게나마 이 채널을 개선하는 것보다 정치적이고 민주적인 절차가 또 있을까?

국가에서부터 가족에 이르기까지 인간이 창안한 모든 제도를 통틀어 아무리 '성가시더라도' 항의 방식을 따르는 것이 모든 구성원의 일상적인 대처법이다. 문제가 적지는 않지만 오늘날 대도시 공립학교는 구성원의 목소리에 좀더 귀 기울이는 등 개선을 위한 노력을 하고 있다. 즉 학교 구성원과 운영진 간의 의사소통 통로를 전보다 덜 '성가시게' 만드는 분권의 문제가 논의되고 있다.

그러나 여기 제시한 두 가지 방안 중 하나만을 유용하다고 생각하는 (베블런^{Thorstein Veblen}이 적절히 명명했듯) "훈련받은 무능력"이라는 맹점은 경제학자에게만 해당되는 것이 아니다. 실제로 정치의 영역에서 이탈은 경제학의 영역에서 항의보다 훨씬 푸대접을 받아왔다. 이탈 방식은 단순하게 비효율적이거나 '성가시다'기보다 탈퇴, 변절, 반역이라는 이름표가 붙은 범죄적 행위로 종종 낙인찍혀왔다.

분명 양측 모두 열정과 선입견을 줄임으로써 전형적인 시장 메커니즘과 전형적인 비非시장 메커니즘인 정치적 메커니즘이 함께 작동하는 이점을 누려야 한다. 그렇게 되면 이들 사이의 조화와 협력뿐만 아니라 더 나아가 서로의 장점을 뛰어넘을 만큼의 교차도 가능해질 것이다.

시장과 비시장 세력 간의 상호 과정을 자세히 살펴보면 어떤 경제학적 분석 도구는 정치 현상을 이해하는 데 유용하고 그 반대의 경우도 마찬가지임을 알 수 있다. 더욱 중요한 사실은 상호작용의 분석을 통해 정치나 경제를 단독으로 분석할 때보다 사회 과정을 훨씬 잘 이해할 수 있다는 것이다. 이런 관점에서 이 책은 나의 책 『경제 발전 전략론』의 기본 발상을 새로운 분야에 적용한 것이라고 할 수 있다.

전통적 입장에서 보면 경제학자는 어떤 상황에서든 불균형 상태가 발생하면 시장의 힘 단독으로 어떻게 균형 상태를 복원시킬지 묻게 된다. 이는 흥미로운 질문이긴 하지만 사회과학도로서 스스로에게 좀더 폭넓은 질문을 던지는 편이 나을 것이다. 시장의 힘으로든 비시장의 힘으로든 혹은 양자 공통의 힘으로든 불균형 상태를 교정할 수 있을까? 나의 견해는 비시장의 힘이 시장의 힘에 비해 항상 자율성이 떨어지지는 않는다는 것이다.[21]

여기서 나의 관심사는 균형의 교란과 균형으로의 복귀다. 케네스 애로도 최적 미달의 상태에서 최적 상태로의 이동에 대해 나와 유사한 주장을 펼쳤다.

시장이 최적 상태에 도달하지 못할 경우 사회는 어느 정도 그 간극을 알아차리고 비시장적인 사회제도를 작동시켜서 그 간극을 메우게 된다. (……) 이 과정이 꼭 의식적으로 이루어지는 것만은 아니다.[22]

애로나 내가 밝혔듯이 이러한 견해는 시장의 힘과 비시장의 힘

----

21 Hirschman, *op. cit.*, p. 63. 강조는 원저자가 한 것이다.

22 Kenneth Arrow, "Uncertainty and the Welfare Economics of Medical Care", *American Economic Review*, no. 53, December 1963, p. 947.

을 조합하면 불균형 또는 최적 미달 상태에서 벗어날 수 있다는 뜻은 아니다. 이 두 종류의 힘이 서로 어긋나게 작동할 가능성을 배제하는 것도 아니다. 그것은 (매우 부적절해 보이기 십상이지만) 이 두 힘 사이에 결합 가능성이 열려 있음을 주장하는 것이다. 반면 자유방임주의자들이나 개입주의자들은 시장과 비시장의 힘을 엄격하게 양립적으로 해석해서 자유방임주의자들의 선이 개입주의자들에게 악이 되고 개입주의자들의 선이 자유주의자들에게 악이 되는 것처럼 이해하고 있다.

마지막으로 한 가지만 지적하자. 시장-비시장 메커니즘인 동시에 경제-정치 메커니즘인 이탈과 항의 방식은 그동안 순위나 중요성이 정확하게 같은 것으로 소개되었다. 나는 정치학자에게는 경제학적 개념의 유용성을, 아울러 경제학자에게는 정치학적 개념의 유용성을 입증해 보이고자 한다. 그러나 안타깝게도 최근의 학제 간 작업에서는 이와 같은 상호 의존적 관계를 들여다보지 못하고 있다. 경제학자들에 따르면 희소성과 자원 배분을 분석하기 위해 개발된 개념들은 권력, 민주주의, 민족주의 등 다양한 정치 현상들을 설명하는 데도 유용하게 이용될 수 있다. 그 결과 경제학자들은 이웃 학문의 상당한 영역을 성공적으로 점령한 반면 정치학자들은 스스로 식민화되기를 갈망하여 침입자들과 적극적으로 한패가 되어버렸다(정치학자가 학문적 도구가 풍부한 경제학자에게 느끼는 열등감은 경제학자가 물리학자에게 느끼는 열등감과 비교할 만하다). 어쩌면 경제학자들은 억압받는 동료들의 정체성과 긍지를 일깨워주고 또한 정치학적 개념들이 거창함과 동시에 세밀함도 간직하고 있다는 확신을 주어야 하지 않을까? 이런 일들이 이 에세이의 부산물로서 일어나길 바라는 마음이다.

2장

이탈

뒤처지는 옛것을 버리고 더 나은 새것을 찾아 나서는 '이탈'은 이기적이고 냉정하기만 한 선택일까? 정상적인 경쟁을 통해 벌어지는 이탈은 기업과 조직, 국가의 성과가 일시적으로 떨어졌을 때 도리어 긴장과 활력을 불어넣을 수 있지 않을까?

물론 모든 경쟁이 좋은 결과로 이어지지는 않는다. 단적인 예로, 안정적인 정당체제를 통해 경쟁이 이뤄질 때 오히려 근본적인 변화를 끌어내기 어려워지는 경우가 있다. 거대 정당의 경쟁에도 불구하고 그 가운데서 진정한 대안이 도출되지 않는 것이다. 하지만 경쟁의 순기능이 없는 것은 아니다. 허시먼은 예민한 이들과 둔감한 이들이 혼재되어 있는 곳에서의 경쟁이 일시적으로 떨어진 성과를 끌어올릴 수 있다고 본다. 고객이나 구성원이 이탈함으로써 기업과 조직, 국가에 나름의 경종을 울릴 수 있는 것이다.

■

소비자가 이탈을 할 수 있으며 자주 이 방법을 쓰는 것은 '정상적인' (불완전) 경쟁의 특징이다. 정상적인 경쟁에서 기업은 경쟁자가 있음에도 가격을 매기고 품질을 결정할 수 있다는 점에서 (또한 그 연장으로서 품질을 떨어뜨릴 수도 있다는 점에서) 어느 정도의 재량권이 있다. 이미 지적했듯이 이탈 방식에는 특별히 막강한 힘이 있다는 생각이 만연해 있다. 태만한 경영자의 이윤을 줄어들게 할 수 있으므로 이탈 방식은 새뮤얼 존슨이 말한 것처럼 교수형에 비견되는 "기가 막힌 정신 집중"의 효과를 불러오는 것으로 예상된다.

그러나 경쟁에 관한 방대한 문헌을 (어쩔 수 없이 단편적이긴 하지만) 면밀하게 조사한 결과[1] 시장에서의 선택이 실제로 정확히 어떻게 운용되는지에 대해 사람들은 별반 관심을 기울이지 않았다.

....

1 데이비드 S. 프렌치David S. French가 연구한 결과다.

대부분의 저자들은 경쟁의 '압력'이나 '규율'을 일반적으로 언급하는 데 만족할 뿐이었다.

경쟁시장을 옹호하는 저작들이 '자유기업 체제'의 최고 덕목 가운데 하나인 경쟁에 대해 이토록 무관심하다는 것은 정말 놀라운 일이다. 이렇게 된 몇 가지 이유에 대해서는 앞에서 이미 언급했다. 경쟁이 불어넣는 활기를 극찬하는 이들은 어느 한순간이라도 모두가 최선을 다하지 못할 수 있다는 점을 인정하기 싫어한다. 만일 어떤 기업에서 그런 일이 일어난다면 그 기업은 그 사실 자체만으로도 이미 중병에 걸린 것이고, 옆에서 그 자리를 노리는 활기 찬 신생 기업에 자리를 내주어야만 한다. 갤브레이스의 조롱 섞인 표현대로 "젊고 활기 찬 것들이 늙고 병든 것들을 끊임없이 대체하는 생물학적 과정으로서 미국 경제를 바라보는"[2] 이들에게는 경쟁이 어떻게 일시적이고 회복 가능한 낙오를 복구시켜주는지를 밝힐 여유가 없다. 경쟁기업 체제의 옹호자들은 지나치게 그 체제를 편들다 보니 체제에 내포된 수많은 지점들을 간과한 것이 아닌지 모르겠다.

반면 기술적인 경제학 연구서들은 정태적인 관점을 바탕으로 주로 어떤 조건들 때문에 경쟁시장 구조가 자원의 효율적 혹은 비

2 John Kenneth Galbraith, *American Capitalism: The Concept of Countervailing Power*, Boston: Houghton Mifflin Co., 1956, p. 36.

3 경쟁의 복합성에 대해 가장 참신한 생각을 했던 존 모리스 클라크는 다음과 같이 말했다. "(경쟁의) 또 다른 희망적인 사항은 회복 불능 상황에 이르기까지 자원이 고갈되는 실패가 닥치기 전에 기업은 경쟁을 통해 생산 과정과 생산물의 비효율성에 매우 주의를 기울인다는 것이다." John Maurice Clark, *Competition as a Dynamic Process*, Washington: Brookings Institution, 1961, p. 81.

효율적 배분으로 귀결되는지에 관심을 기울였다. 동태적인 측면에서 경쟁을 바라본 이들은 혁신과 성장에 관한 연구를 널리 진행했지만 그 결론은 다소 불분명하다. 그러나 내가 살펴본 바로는 체계적이든 그렇지 않든, 경험적이든 이론적이든 그 어떤 연구도 효율성, 성과 그리고 성장에서 뒤처졌던 기업이 경쟁을 통해 '일상적' 수준으로 되돌아올 수 있다는 점에 주목하지 않았다.[3]

이탈 방식은 어떻게 작동하는가

이런 연구에 필요한 개념적 요소들은 난해하지 않다. 첫째 요소는 기존의 수요함수의 변형으로서 상품의 구매량은 가격보다 품질에 달려 있다고 가정하는 것이다. 가격 변화가 수요에 미치는 효과를 고려할 때는 품질이 불변이라고 가정하듯 품질이 떨어지더라도 가격은 불변이라고 가정할 수도 있다. 개념 정의상 품질이 떨어지는 것은 비용을 줄이려는 기업의 계산된 시도라기보다는 어쩌다 보니 능률이 떨어져서 벌어진 일이기 때문에 비용 또한 불변이다. 이 조건에서는 품질 저하로 떠나가는 소비자의 이탈은 모두

....
클라크는 이 책의 4장(경쟁은 우리를 위해 무엇을 할 수 있는가)에서 장황하게 경쟁의 주요 기능 열 가지를 제시하고 있다. 기이하게도 여기에는 쓰러져가는 기업의 회생와 관련한 기능이 들어 있지 않다. 앞서 인용한 문장은 '비효율적 요소의 제거'라는 제목의 단락 마지막에 제시된 것으로 이 단락의 주요 관심사는 쓰러져가는 기업을 회생시키기보다는 처분해야 한다는, "경쟁이 요구하는 유쾌하지 못한 기능"에 관한 것이다.

기업의 이윤 손실이 된다. 따라서 품질 하락에 따른 소비자의 이탈이 많을수록 기업의 손실은 더욱 커질 것이다. 반면 소비자가 이탈한다고 해도 가격을 올리면 기업의 총이윤은 증가할 수 있다. 하지만 기업의 이윤은 잘해야 종전의 수준을 유지할 것이고 대체로 품질 저하에 따라 이윤도 줄어들 것이다.[4]

둘째, 품질을 향상시켜 판매 감소를 만회하려는 경영자 반응함수가 있다. 고객의 이탈을 알아챈 경영자는 바로 잘못을 바로잡는 작업을 시작한다. 아마도 함수값이 셋인 불연속함수를 그려보면 이 관계가 현실에서 어떻게 나타나는지를 쉽게 알 수 있을 것이다. 이윤의 하락 폭이 적으면 별 반응이 없고, 하락 폭이 중간 정도이면 정상 상태로의 완전 회복이 뒤따를 것이다. 그러다가 다시 정상 판매량의 상당 범위를 넘어서는 이윤 감소가 나타나면 원상회복은 뒤따르지 않는다. 즉 특정 지점을 지나면 손실이 기업에 미치는 타격이 너무 크기 때문에 어떤 조치가 효력을 발휘하기 전에 기업은 도산할 것이다.[5]

....

4 품질 변화에 따른 수요의 이윤 변화 추이는 수요곡선으로 나타낼 수 있다. 이 경우 전통적인 음(陰)의 기울기를 갖는 수요곡선에서 가격 상승을 나타내던 수직 축이 품질 저하를 나타낼 것이다. 이는 '부록 A'의 〈도표 2〉에 설명되어 있다. 〈도표 2〉의 아래쪽 그래프는 품질 저하에 따른 이윤 손실을 나타낸다. 이 그래프를 보면 품질 저하에 따른 수요 감소가 총이윤에 미치는 영향은 가격 상승에 따른 수요 감소가 총이윤에 미치는 영향보다 더욱 단순하며, 따라서 더욱 치명적이라는 것을 분명히 알 수 있다. 전자의 경우 수요의 품질 탄력성이 0보다 큰 경우 언제라도 총이윤이 감소한다. 반면 가격 상승의 경우 총이윤이 감소하지만 이 경우 수요의 가격 탄력성이 1보다 커야 한다는 조건이 있다. (품질 탄력성의 경우, 수요가 품질의 변화 정도에 어떻게 반응하는지를 나타내는 수요의 단위 탄력성은 정확하게 나타내기 어렵다. 가격 탄력성의 비유를 들어 '수요의 품질 탄력성' 개념을 조합해보면 화폐와 품질이라는 두 가지 상이한 척도가 서로 나뉘어 있는 관계로 0이나 무한대의 두 가지 수치 이외에 다른 것은 모두 자의적인 척도에 지나지 않는다.)

이제 (소비자) 이탈함수와 (경영자) 반응함수가 어떻게 상호작용하는지 살펴보자. 품질이 떨어지더라도 회복 가능한 수준에서 그치는 것이 바람직하다. 분명한 사실은 품질에 대해 수요가 비탄력적이면 이윤의 손실은 미미할 것이고, 따라서 기업은 무엇인가 잘못되고 있다는 신호를 받지 못할 것이다. 그러나 수요가 매우 탄력적이라면 회복 과정도 발생하지 않을 것이고, 이 경우 기업은 잘못을 찾아내 조치를 취할 시간도 없이 사라져버릴 것이다. 이는 모든 상황이 '너무 많이 그리고 너무 빨리' 일어나는 경우다. 따라서 기업이 회복 잠재력을 발휘하려면 수요의 품질에 대한 탄력성이 너무 크거나 너무 작지 않아야 한다. 직관적으로 생각해봐도 분명한 이 명제는 다음과 같이 풀어쓸 수 있다. 경쟁(즉 이탈 방식)이 하락한 성과를 회복시키는 메커니즘으로 작동하기 위해서는 예민한 고객과 둔감한 고객이 혼재되어 있는 것이 가장 좋다. 예민한 고객은 기업이 원상회복하도록 피드백 메커니즘을 제공하며, 둔감한 고객은 기업이 원상회복하도록 시간과 돈을 제공해준다. 물론 전통적 관점에 따르면 고객이 민감할수록 경쟁적 시장이 기능하기에 유리하다. 원상회복 메커니즘으로서의 경쟁을 생각해보면 일정

---

5 함수값이 셋인 불연속함수 대신 연속반응곡선으로 생각해도 좋을 것이다. 판매액 손실이 적으면 원상회복을 위한 노력이 적을 것이다. 그러다가 노력을 하고 나중에는 그 노력이 줄어들 것이다. 이에 대한 대책을 세운 결과 처음보다 훨씬 우수한 제품을 생산하는 경우도 생각해볼 수 있다. 이 경우 상품 질의 최적 퇴보점point of optimal deterioration에 대한 논의도 가능하다. 일정 시간이 경과한 뒤 판매 손실분이 일정 수준을 넘게 되면 사기 저하와 재정 압박 등이 품질을 떨어뜨려 기업을 도산으로 이끄는 촉매 역할을 할 것이다. 이와 같은 반응함수의 형태는 이 책에서 지적하겠지만 단계별 시점을 실질적으로 변화시키지는 못할 것이다.

부류의 고객이 이탈하는 것이 시장 메커니즘 작동에 필수적이지만 동시에 다른 부류의 고객은 품질 저하에 무관심하거나 혹은 동요하지 않아야 한다. 모든 고객이 열심히 《컨슈머 리포트 *Consumer Reports*》를 탐독하거나 치밀하게 물건 값을 비교한다면 엄청난 불안정이 초래될 것이고, 기업은 어쩌다 발생한 성과 부진으로부터 원상회복할 기회를 잃게 될 것이다.

이미 지적한 것처럼 (엄격한 가정의 하나로 소비자가 완벽한 지식을 가졌다고 생각하면) 완전경쟁에서 기업에게 효과적인 교정 메커니즘이 없는 것은 아니다. 저조한 기업 성과는 품질이나 가격에는 영향을 미치지 못하더라도 생산비용을 늘리기 때문에 직접적인 이윤 감소로 나타난다. 이제 완전경쟁 모델에서 조금 벗어나 기업이 품질을 결정할 수 있는 여유가 어느 정도 있다고 가정해보자. 이 경우 기업 성과의 악화는 품질 저하로 나타나기 십상일 것이고 제품 시장이 경쟁적이라면, 즉 대부분의 소비자들이 시장에 대해 매우 많은 지식을 가지고 있다면, 기업은 매우 단기간에 경쟁을 통해 사라질 것이다. 다시 말해 효과적인 원상회복 메커니즘의 관점에서 보면 완전경쟁 시장은 그럴 듯한 반면, 준**완전경쟁 시장은 그렇지 못하다. 거의 모든 실제 상황에서 그럴 수밖에 없듯이, 기업이 제품의 질 등에 대해 결정할 수 있는 여유가 전혀 없다는 생각을 포기한다면 최적의 배치는 완전경쟁 시장에 최대한 접근하는 것이 아니라 그로부터 멀리 떨어지는 것이다. 완전경쟁 시장에 점진적으로 접근하는 것이 꼭 개선을 뜻하는 것이 아니라면 차선책을 택하자는 주장을 강하게 적용해도 될 것이다.

담합 행위로서의 경쟁

수요의 품질 탄력성이 어떻든 간에 기업이 옛 고객을 잃는 대신 새 고객을 얻을 수만 있다면 고객들의 이탈이 기업의 이윤 손실로 나타나지는 않을 것이다. 그렇다면 품질이 하락하는 기업에서는 어떻게 새 고객을 유인할 수 있을까? 실제로 일어날 것 같지 않은 이러한 상황이 벌어지는 경우를 생각해보자. 가령 어떤 산업 분야에서 모든 기업의 제품 질이 동시다발적으로 떨어진다면 각 기업은 다른 기업의 제품에 만족하지 못한 고객들을 끌어들이는 동시에 다른 기업에 자신의 고객을 빼앗기게 된다. 이와 같은 상황에서는 고객 이탈이 경영 부실에 대해 효과적인 경고가 되지 못하기 때문에 모든 기업을 합병하는 것이 사회적으로 유익할 것이다. 즉 독점이 경쟁을 대체하는 것이 유익한 상황이 된다. 이럴 경우 독점 경영진을 향해 고객이 직접 불만을 표출함으로써 상황은 어느 정도 개선될 것이다. 반면 완전경쟁의 상황에서는 고객이 어느 기업에 불만이 생기면 다른 기업으로 재빨리 이동해버리기 때문에 무엇이 잘못되고 있는지 신호를 주지 못한다. 따라서 고객의 불만은 기업의 개선에 비효과적이다.

물론 특정 업종의 모든 기업이 생산하는 제품의 질이 동시다발적으로 똑같이 떨어진다는 것은 매우 비현실적이기는 하지만 이 상황에 조금 변화를 주면 매우 현실적인 적합성을 갖게 된다. 경쟁적으로 출하되는 신제품들의 결점과 부작용이 무엇인지를 알려면 제품을 사용해봐야 한다. 이 경우 소비자는 경쟁 제품들 가운데서 모두 같은 문제를 가진 이 상품 저 상품을 바꿔가며 장기간 사용할 것이고, 이로써 생산자들에게 제품을 개선하라는 압력을 넣는 것이 지연될 것이다. 이 경우 경쟁은 소비자의 불만을 억제하므로 생산자에게는 상당히 유리하다. 소비자는 기업들이 경쟁하는 상황에서 제품의 품질이 나아질 것이라고 여기므로 더 좋은 제품을 찾느라 시간을 낭비한다. 이런 상황에서 생산자는 경쟁을 없애기보

---

6 이것저것 꼼꼼히 따져서 제품을 고르지만 이탈의 가능성이 막히는 바람에 생산자로서는 골치 아픈 소비자가 있었던 경우라면, 이러한 상황은 배가될 것이다. 경영자는 시장 경쟁을 통해 가장 골치 아픈 고객을 제거할 수 있는 것이다. 이러한 주장은 앞으로 좀 더 자세히 설명할 것이다.

다 경쟁을 유지하는 것이 공통의 이익이 된다. 그리고 이를 위해 결국 담합이 나타나기 십상이다.[6]

지금까지의 주장은 여러 기업이 경쟁한 결과 시원찮은 것으로 판명된 제품은 압력을 받음으로써 혹은 그에 따르는 해결책을 통해 도태될 것이라는 전제를 담고 있다. 그런데 이러한 전제를 버리더라도 단일 기업이 단일 생산자인 경우보다 여러 기업이 경쟁하는 경우가 오히려 열등한 해결책일 때도 있다. 여러 기업이 경쟁을 하게 되면 '남의 떡이 더 커보인다'는 끊임없는 환상, 즉 경쟁사의 제품을 구매하면 불량 제품으로부터 벗어날 수 있다는 환상을 부추기기 때문이다. 독점체제 하의 소비자는 있지도 않은 '개선된' 제품을 열심히 찾아 헤매는 대신 포기하고 다른 데서 행복을 찾을 것이다.

주변을 둘러보면 독자들은 이상에서 논의한 상황들이 실제로 벌어지고 있음을 알 수 있을 것이다.[7] 이제 앞서 제기한 문제들을 기업 이외의 일반 조직들에도 얼마나 적용할 수 있는지 살펴보

....

7 판단을 돕기 위해 '저품질 상품' 구매자의 분노가 담긴 편지들을 소개한다.

① 포드사에 보낸 편지: "당신들이 일상적으로 보내는 공식적인 편지가 어떻든 간에 나는 포드 차를 다시는 사지 않을 것임을 분명히 밝힙니다. 두말할 여지없이 포드 팰콘(포드사 차종 — 옮긴이)은 내가 구매한 마지막 포드사 제품일 겁니다. 나는 그런대로 매력적인 스물다섯 살의 젊은 여성이지만 포드 차의 변속기를 사느라 은행에 있던 돈을 몽땅 써야 했습니다. 그 돈이면 훨씬 괜찮은 다른 물건을 살 수도 있었을 텐데……."

② 제너럴모터스에 보낸 편지: "우리 집에는 제너럴모터스의 버스와 밴이 있습니다. 고장이 나고 불편을 겪고 시간을 허비한 뒤에야 비로소 제너럴모터스의 제품을 다시는 사지 않기로 결심했습니다. (……) 나는 오랫동안 제너럴모터스의 차와 왜건을 몰았지만 포드 차가 더 낫다는 생각을 하게 되었습니다. 1970년도 새 모델이 나올 때까지는 이 '저질 제품'을 참고 쓰겠지만 더 이상 제너럴모터스 차는 우리 집 차고에 없을 것임을 귀하에게 알립니다."

자. 결론부터 말하면 경쟁은 단순히 경쟁사들이 상대의 고객을 서로 유인하는 것으로 끝날 수도 있다. 아울러 이러한 일이 벌어지는 한, 경쟁이나 제품의 다양화는 낭비이자 눈속임에 지나지 않는다. 왜냐하면 이런 경쟁이 일어나지 않는 상황이라면 고객들은 경영진에게 더 효과적인 압력을 가하거나 혹은 쓸데없이 (있지도 않은) '이상적인' 제품을 찾느라 에너지를 낭비하는 일도 없을 것이기 때문이다. 경쟁적이라는 정치체제도 이와 같은 비판에 노출되어 있다. 급진적인 평론가들은 안정적인 정당체제가 구축된 사회에서 거대 정당들 간의 경쟁이 실제로는 '진정한 선택'적 대안을 제공하지 못한다고 비판했다. 물론 경쟁적인 정당체제가 없다고 해서 시민들이 근본적인 사회·정치적 변화를 이룰 수 있을지는 (논의의 편의를 위해 근본적인 변화가 바람직한 것이라고 가정한다면) 두고 봐야 할 문제다. 그럼에도 경쟁적 정당체제가 없었더라면 일어날 수도 있었을 혁명의 가능성이 경쟁적으로 보이는 정당체제 때문에 집권당에 대한 순화된 불만족에 그치고 만다는 급진적 평론가들의 주장은 옳다. 비록 이러한 순화 능력이 일상적으로는 자산이 되겠지만 어떤 경우에는 짐으로 변하는 상황을 상정해볼 수 있을 것이다.

그리 두드러진 예는 아니지만 이와 관련하여 미국 노동조합의 역사를 살펴보는 것도 도움이 될 것이다. 1955년 합병한 CIO-AFL 조합은 그보다 2년 전에 '상대방의 조합원을 빼가지 않겠다는 협정No-Raiding Agreement'을 체결했다. CIO-AFL 조합이 산업 부문의 공식 협상자로 인정받기 위해 국가노동위원회에 제출한 문서에는 지난 2년간 (조합원들이 제기한) 청원들의 통계가 언급되어 있다. 조사에 따르면 거의 모든 청원이 성공적이지 못했고 수리된 청원 건수는 CIO 측이 AFL 측을 대체하는 비율과 AFL 측이 CIO를 대체하는 비율이 거의 비슷했다. 이 보고서는 "AFL과 CIO 사이의 조합원 빼내가기가 직접적인 이해 당사자의 이익에 반할 뿐만 아니라 노동조합 운동에도 매우 파괴적이라는 결론에 도달했다"고 기술했다.[8] 또한 성공 여부와 관계없이 조합원 빼내가기는 노동자들 간의 불안과 분열을 야기했다면서 서로 다투기보다는 다른 비조합원 조직을 끌어들이기 위해 노력하는 것이 바람직했을 것이라고 지적했다. 이러한 결론이 암묵적으로 의미하는 것은 CIO-AFL의 경우 경쟁으로 인한 불이익이 경쟁으로 인한 장점(효율성 증진)을 압도했고, 그리하여 아마도 이 장점을 살리는 데는 (항의 방식과 같은) 다른 대안적 메커니즘이 나왔다는 것이다.

....

8 American Federation of Labor and Congress of Industrial Organizations, *Constitution of the AFL-CIO*, no. 2, Washington D. C.: AFL-CIO Publication, January 1956, p. 36. 이 문장의 인용과 논의는 존 던롭John Dunlop의 도움을 받았다.

3장

항의

제품을 고를 때는 기존에 쓰던 제품이 아닌 다른 제품을 구입하는 '이탈'을 선택하는 것이 쉽지만, 가족이나 국가와 같은 기초적인 사회조직에 불만이 있는 경우는 자연스레 '항의'를 떠올리게 될 것이다. 이탈을 감행하기 어려운 상황에 있는 이들에게 항의는 유일한 대안이다. 그러기에 항의는 이탈에 대한 가부의 선택이 이뤄진 후 고려하게 되는 무엇으로 여겨지기도 한다.

하지만 항의가 유효하다는 전망이 엿보인다면, 제품 구매자나 조직 구성원은 이탈을 미루지 않을까? 항의를 통해 기업이나 조직이 정상 궤도에 오를 가능성이 보인다면, 도리어 이탈은 항의가 실패한 뒤의 선택이 되지 않을까? 즉 항의는 이탈을 보완할 뿐만 아니라 대체할 수도 있는 반응이다. 그렇다면 어떤 경우에 이탈보다 항의가 선호될까? 이에 대한 허시먼의 생각을 살펴보자.

■

　경제학자들은 이탈에 관해 자세히 연구하지는 않았지만, 경제제
도를 논함에 있어 이탈 방식이 존재하며 그것이 기업 성과에 (일반
적으로 유익한 것으로 추정되는) 영향을 미친다는 사실을 판단과 행
동의 근거로 삼았다. 하지만 항의 방식에 대해서는 대강 이와 유사
한 수준의 발언조차도 하지 않았다. 항의가 이탈과 더불어 혹은 이
탈을 대신해 또 다른 '원상회복' 메커니즘이 될 수 있다고 말하면
사람들은 이를 못 믿겠다거나 혹은 말도 안 된다는 반응을 보이곤
한다. 그러나 오늘날과 같은 저항의 시대에(이 책이 출간된 1970년은
베트남전의 여파로 항의 집회가 봇물을 이루었다 - 옮긴이) 불만을 느끼
는 소비자(혹은 조직의 구성원)는 단순히 경쟁적 시장으로 옮겨가기
보다는 '볼멘소리로' (제품의) 질이나 서비스를 향상시키도록 태만

한 경영진을 압박할 수 있다. 따라서 항의 방식을 이탈 방식의 보완물 혹은 대체물로서 매우 효과적으로 활용할 수 있는 조건들을 탐색하는 것은 시의적절하고 타당한 작업이다.

이탈 대신 항의 방식을 택하는 것은 소비자나 조직의 구성원이 자신이 구매하려는 기업이나 소속되어 있는 조직의 관행, 정책 그리고 결과물을 바꾸려는 시도를 하는 것이다. 여기에서 항의는 만족스럽지 못한 상태로 있기보다는 상황을 바꾸려는 모든 시도로서, 직접적인 책임이 있는 경영진에게 개인적 혹은 집단적으로 청원하는 방법이 있고 경영진의 변화를 끌어내기 위해 더 높은 기관에 호소하는 방법도 있으며 여론 동원을 포함한 그 외의 다양한 방법도 있다.

1장에서 언급했듯 항의는 '이익 표명interest articulation'[1]이라는 개념으로 잘 알려져 있는데, 이는 모든 정치체제의 근본적인 부분 및 기능과 관련된다. 정치학자들은 오랫동안 체계적으로 이러한 기능 및 이와 관련된 유형들을 다뤄왔다. 그러나 이 과정에서 그들은 종종 이익 표명을 대신할 유일한 대안으로서 (이탈이 아닌) 암묵적 동의 혹은 무관심에 국한하여 관심을 기울여왔다. 반면 경제학자들은 불만을 느끼는 소비자들이 바보처럼 경제원칙에 충실하

----

1 이 개념에 관한 비교론적 논의를 담은 저서로는 다음을 참조하라. G. A. Almond and G. B. Powell, Jr., *Comparative Politics: A Developmental Approach*, Boston: Little, Brown and Co., 1966, ch. 4.

거나 혹은 그들이 거래하던 기업에 대해 대놓고 배신하는 경우를 제외하고는 그 어떤 경우도 고려하지 않으려 했다. 따라서 이러한 양극단의 견해에서 벗어나 이 책이 주장하는 것처럼 양자의 틈새를 연구해볼 필요가 있다. 실제로 소비자의 선택은 대체로 이익 표명과 '배반(좀더 중립적인 용어로는 항의와 이탈)'의 양단간에서 이루어진다.

먼저 이탈과 대비되어 항의가 단독으로는 어떻게 작동하는지 간단하게 살펴보자. 이탈 방식을 논의할 때처럼 기본적인 가정은 한 기업의 성과가 하락하더라도 경영진이 열심히 노력하면 원상회복이 가능하다는 것이다. 이런 상황에서 성과 하락에 대한 소비자나 조직 구성원들의 불만이 이탈보다는 항의로 이어진다면 항의의 효과는 항의의 목소리가 높아짐에 따라 일정 지점까지는 늘어날 것이다. 그러나 지나침은 모자람만 못하다는 점에서 항의 방식은 이탈 방식과 일맥상통한다. 불만에 찬 소비자나 구성원의 목소리가 너무 크면 원상회복을 위한 여러 노력에 도움이 되기보다는 방해가 될 것이다. 앞으로 분명한 이유를 밝히겠지만 이 상황은 고객과 기업 사이에서 발생할 확률이 낮다. 반면 항의가 더 중요한 위치를 차지하는 정치의 영역에서는 특정 시점에 너무 목소리를 높이면 오히려 부정적인 효과가 나타날 가능성이 있다.

바로 이 시점에서 경제 영역과 이탈, 정치 영역과 항의 사이에 흥미로운 유사점이 나타난다. 마치 경제학에서 수요가 탄력적일수록(즉 기업의 성과가 하락할 때마다 소비자들이 재빨리 이탈할수록) 경제체제에는 유리하다고 오랫동안 믿어왔던 것처럼, 정치이론에서도 민주주의가 제대로 작동하기 위해서는 최대의 경계심과 활동성과 참여정신을 가진 대중이 필요하다는 것이 오랫동안 금과옥조로 여겨졌다. 미국에서 이 믿음은 투표와 정치 행위를 경험적으로 조사한 결과 흔들리게 되었다. 즉 상당수의 대중이 장기적으로 정치에 상당히 무관심하다는 것이 판명되었다.[2] 민주적 정치체제가 이와 같은 정치적 무관심에도 비교적 잘 버텨왔다는 점에서 정치적으로 활발하게 의견을 개진하는 시민과 안정적 민주주의 간의 관계는 우리가 흔히 믿어왔던 것보다 훨씬 복잡하다. 이탈의 경우와 마찬가지로 언제나 상황을 예의 주시하는 시민과 무심한 시민이 섞여 있는 것이, 혹은 정치적 참여와 그로부터의 후퇴가 반복적으로 나타나는 것이 총체적이고 영구적인 정치활동이나 정치적 무관심보다는 민주주의에 더욱 도움이 될 것이다. 로버트 달[Robert Dahl]이 지적한 한 가지 이유를 들어보자. 그에 의하면, 대부분의 시

....

2 Robert A. Dahl, *Modern Political Analysis*, Englewood Cliffs, N. J.: Prentice-Hall, Inc., 1966. 6장에 데이터와 주요 출처를 밝혔다.

3 Robert Dahl, *Who Govern?,* New Heaven: Yale University Press, 1961, pp. 309~310. 이러한 관점은 마치와 사이어트가 지적한 '조직의 느슨함'이 경제체제에 부여하는 미덕과 매우 유사한 주장이다. Richard M. Cyert and James G. March, *The Behavioral Theory of the Firm*, Englewood Cliffs, N. J.: Prentice-Hall, Inc., 1963, pp. 36~38.

민들은 평상시에 정치적 역량을 최대한 발휘하지 않으며 자신의 이해가 직접적으로 침해될 때 비로소 비축된 정치적 에너지를 통해 막강한 힘을 발휘한다.[3] 또 다른 주장에 의하면, 민주적 정치체제는 '분명한 모순관계의 혼합물'을 요구한다고 한다. 즉 한편으로 시민들은 분명하게 의사를 표현함으로써 정치 엘리트들에게 자신의 견해를 알리고 이에 반응할 것을 요구하지만, 다른 한편으로는 정치 엘리트들에게도 의사를 결정할 여지가 필요하다는 것이다. 다시 말해 시민들은 정치 엘리트들에게 영향력을 발휘하는 동시에 그들을 존중해야 한다는 것이다.[4]

이러한 주장의 이면에 존재하는 기본적인 논리 구조는 앞서 지적한 것처럼 이탈을 하더라도 일정 범위 내에서 해야 한다는 것과 매우 유사하다. 항의는 기업이나 조직의 실패에 대한 경고 기능을 하지만 경영진이 항의에 대처할 여지를 남겨둬야 하는 것이다.

마지막으로 항의와 조직의 효율성 간의 관계도 이탈의 작동 원리와 상당히 유사하다. 그러나 이러한 주장이 항의와 이탈 모두에 처음에는 긍정적인 효과를, 나중에는 부정적인 효과를 가져온다는 뜻은 아니다. 특정 기업이나 조직의 성과가 하락할 경우에는 흔히 이탈 혹은 항의 가운데 하나가 더 지배적인 반응 양식으로 나타

----

4 Gabriel A. Almond and Sidney Verba, *The Civic Culture: Political Attitudes and Democracy in Five Nations*, Boston: Little Brown and Co., 1965, pp. 338~344. 로버트 레인Robert Lane도 이와 유사한 주장을 했다. 그에 의하면 어떤 면에서 "정치적 활동가와 정치적 무관심자에게 다른 역할을 부여해서 균형을 이루게 하면 유용한 결과를 얻을 수 있을 것이다".

난다. 부차적인 반응 양식은 매우 제한적으로만 나타날 것이므로 부정적인 효과를 발휘하지 못할 것이다. 왜냐하면 성과가 계속 하락한다면 지배적인 반응 양식이 단독으로 부정적인 효과의 역할을 할 것이기 때문이다. 예를 들어 경쟁적 기업의 경우 이탈은 기업의 성과 하락에 대한 지배적인 작동 원리인 반면 항의는 그렇지 않다. 기업에 지나칠 정도로 항의 방식이 적용되는 경우는 쉽게 생각할 수 없다.

이탈을 보완하는 항의

항의 방식은 불만을 느끼는 소비자나 구성원이 이탈 방식을 사용할 수 없을 때 주어지는 유일한 대안이다. 가족, 국가 또는 교회와 같은 기초적 사회조직이 대표적인 사례다. 경제의 영역에서 순수 독점 상태도 이탈이 불가능한 경우이지만 실제 시장에서는 독점과 경쟁 체제가 뒤섞여 있으므로 이탈 방식과 상호작용하는 항의 방식도 눈에 띈다.

이제 다시 품질 하락과 그로 인한 판매량 감소 사이의 관계로 되돌아가서 떠나지 않고 계속 소비자로 남아 있는 사람들을 살펴보자. 그들은 기업을 떠나지는 않겠지만 품질에 대해서는 불만을 느낄 것이다. 불만이 있을 때는 이를 표출할 능력이 있는 것으로 가정했으므로 이들 익명의 소비자들이 항의 방식의 원천이 될 것이다. 물론 항의 방식의 또 다른 결정 인자는 이들 익명의 소비자들이 품질 하락에 대해 느끼는 불만의 정도일 것이다.

개략적으로 보면 항의는 이탈의 잔여^{殘餘} 범주로 취급할 수 있다. 이탈을 택하지 않은 사람은 누구나 항의를 택할 수 있고, 이경우 이탈에서와 마찬가지로 항의의 정도는 품질에 대한 수요의 탄력성에 달려 있다. 그러나 이 경우 인과관계가 반전된다. 즉 항의를 표시할 잠재력이 있다면 항의의 실질적 수준은 수요가 얼마나 비탄력적인가 혹은 이탈의 기회가 얼마나 제한적인가에 달려 있다.[5]

이때 이탈의 기회가 감소함에 따라 항의의 역할이 커지면서 이탈이 불가능할 경우 항의가 경영 실패를 경고하는 모든 책임을 떠맡을 것이다. 이탈과 항의 간의 시소게임은 소련 언론에 보도된 품질과 서비스에 관한 수많은 불만들에 어느 정도 잘 나타나 있다. 왜냐하면 서구의 시장경제에 비해 소련 경제에서는 이탈 방식보

....
5 여기서 지적한 이탈과 항의의 관계는 '부록 A'에 더 자세한 공식으로 기술되어 있다.

다 항의 방식이 훨씬 중요한 역할을 했기 때문이다.

항의 방식이 훨씬 더 중요한 역할을 하는 또 다른 예로는 개발도 상국을 들 수 있다. 이곳에서는 선진국과 달리 상품의 종류나 개수 그리고 구매 기회가 한정되어 있다. 그러므로 조용히 이탈을 택할 수 있는 선진국과 달리 개발도상국에서는 품질과 서비스가 형편 없을 때면 큰 목소리를 내게 되고, 종종 정치적 색채가 짙은 항의 를 하게 된다.

이제 방향을 바꾸어 이탈이 지배적 반응 양식이라는 가정에서 항의가 경영진의 효율성을 어느 정도나 회복시킬지를 살펴보자. 이탈과 항의의 결합에 따른 효과를 예비적으로 평가하면서 (이탈 을 지배적 반응 양식으로 가정했으므로) 항의가 건설적이기보다는 파 괴적 효과를 가져올 가능성을 배제할 수 있을 것이다. 분명 판매량 은 줄고 계속 남아 있는 고객들이 불만 섞인 항의를 해도 원상회 복 효과가 나타나기는 쉽지 않다.[6] 항의를 하려는 경향성이나 불 만 표출의 효과는 기업별 고객에 따라 천차만별일 것이다. 그러나 대개 다음의 세 종류로 일반화할 수 있다.

⑴ 지금까지 소개한 단순 모델에서 항의 방식은 이탈의 대체 기

....
6 항의 방식이 기업에 직접적으로 금전적인 손실을 야기할 수도 있다. 즉 불만을 느낀 소 비자가 불량 제품을 반품하는 경우가 여기에 속한다. 오직 이러한 방식으로만 항의 방 식이 구체화된다면, 이윤 추구에 민감한 경영진에게 항의가 얼마나 효과적일지는 이탈 과 비교해 정확히 측정할 수 있을 것이다. '부록 A'를 참조하라.

능이 아닌 보완 기능을 한다. 이런 조건에서는 항의 방식이 원상회복 메커니즘적 관점에서 보면 순이익을 가져다준다.[7]

(2) 항의 방식이 효과적일수록 (이탈의 효과가 일정할 경우) 수요는 더욱더 품질에 비탄력적일 것이다. 이 경우 이탈과 항의 방식의 합이 만들어낼 수 있는 원상회복 가능성은 약화되지 않는다.

(3) 일정 시점이 지나면 이탈이 긍정적인 효과보다 파괴적 효과를 불러올 수 있다는 점을 고려하면, 이탈과 항의 방식의 융합 효과가 성과 악화의 전 과정에 걸쳐 최대로 발현되기 위해서는 성과 악화의 초창기에는 수요의 탄력적 반응이, 후반기에는 수요의 비탄력적 반응이 나타나야 한다. 이러한 반응은 상품 가격이 아무리 높더라도 최소한의 물량이 반드시 필요하고 가격이 하락하면 소비가 쉽게 늘어나는 상품에서 오랫동안 관찰된다. 이와 비슷한 논리로 이 상황은 품질에 대한 수요 탄력성에도 적용할 수 있다. 특히 품질이 급격하게 하락할 때 유일한 대안이 고가高價의 대체재인 경우 더욱 그러하다. 물론 품질이 참을 수 없을 정도로 떨어지면 (가격이 천정부

....

7 우리가 잘 알고 있는 경우에도 항의 방식은 이탈 방식의 보완적 기능을 할 수 있다. 경쟁이 자원의 효율적인 배분 능력에 달려 있다고 믿는 경제학자들에게 (오염, 해안에 버려진 쓰레기 깡통 등) 생산과 소비에 존재하는 외부 불경제external diseconomy는 자신의 믿음을 방해하는 가장 큰 장애물이 된다. 이러한 장애물은 그로 인해 피해를 입는 사람들이 유효적절하게 명확한 항의를 표시하면 분명 통제와 예방이 가능하다. 다시 말하면 외부 불경제의 피해를 입는 비非소비 계층의 항의 방식은 경쟁 메커니즘의 훌륭한 부가 기능을 할 수 있다. 일단 이러한 상황이 현실화되면 소비자의 항의 방식 또한 경쟁 메커니즘을 보완할 수 있다는 사실이 그리 놀랍지 않을 것이다.

지로 올라 예산이 도무지 감당하기 힘든 경우처럼) 수요는 사라지 겠지만, 품질이 변하는 범위가 다양한 만큼 품질에 대해 탄력 적이던 수요가 비탄력적으로 바뀌는 상당수의 상품과 서비스가 있을 수 있다. 심지어 이런 유형의 문제 해결에 있어서도 왜 이탈 방식이 제 기능을 발휘하지 못하는지는 4장에서 자세히 설명할 것이다.

이탈을 대체하는 항의 [8]

지금까지 항의는 이탈에 종속된 것으로 여겨져 그 성격이 선명하게 부각되지 못했다. 수요의 품질 탄력성이 어느 정도의 항의를 불러일으키는지를 판단할 경우 다음과 같은 암묵적인 가정을 했다. 즉 자신이 제품을 구매하는 기업의 행위에 얼마나 영향을 끼칠 수 있는가와는 상관없이 품질 하락에 직면한 고객은 우선 다른 제품으로 바꿀 것인가 말 것인가를 결정하게 된다. 바꾸지 않겠다고 결정한 고객만이 소리 내 항의할 것이다. 그러나 그간의 상황을 이렇게 정리한다면 이탈할 것인가 말 것인가는 항의 방식이 얼마

....

8 이 주제에 대한 기술적인 토론은 '부록 B'를 참조하라.

나 유효할 것인가라는 전망에 달려 있음이 분명해진다. 고객들은 항의가 충분히 유효하다는 확신이 서면 이탈을 늦출 가능성이 크다. 그러므로 수요의 품질 탄력성, 즉 이탈은 고객들이 항의 방식을 택할 능력과 의향에 달려 있는 셈이다. 기업의 성과 악화가 장기간에 걸쳐 단계별로 나타난다고 가정한다면, 항의 방식은 기업의 성과가 악화되기 시작하는 초반부에 택하기 쉬운 방안이다. 일단 이탈을 하게 되면 항의할 기회를 잃게 된다. 그러나 그 반대는 성립되지 않는다. 따라서 이탈은 특정 상황에서는 항의가 실패한 뒤 최후의 선택 반응일 것이다.

이런 이유로 항의 방식은 이탈 방식을 보완할 뿐만 아니라 이탈 방식을 대체할 수 있다. 그렇다면 어떤 조건에서 이탈보다 항의 방식을 선호하게 될까? 이 질문은 다음과 같이 좀더 자세하게 정형화된다. 즉 고객이 일상적으로 구매하는 상품 A와 경쟁적이거나 대체적인 관계에 있는 상품 B를 동일한 가격에 구할 수 있고, 아울러 상품 A의 품질 저하 때문에 상품 A의 고객이 보기에 상품 B가 훨씬 좋은 상태라면 과연 어떤 조건에서 상품 A의 고객이 상품 B로 옮겨가지 않을 것인가?

일단 항의 방식을 이탈 방식의 대체물이라고 본다면, 항의 방식의 핵심은 현재 쇠락하여 열등해진 제품의 고객으로 (또는 쇠락하는 조직의 일원으로) 계속 남아 있을지에 대한 결정에 달려 있다. 또한 이러한 결정은 아마도 (모두가 그러하지는 않겠지만) 제품 A가 제품 B에 대해 가졌던 원래의 우수성을 되찾기를 바라고, 그렇게 되리라고 예상하는 사람들만이 내릴 것이다. 일반적으로 고객 혹은 회원이 제품 A를 계속 고집하는 것은 제품 A에 대해 '무엇인가 하기'를 원하고 또한 할 수 있다고 느끼는 동시에 자신이 고객이나 회원으로 남아 있어야만 그런 영향력을 발휘할 수 있다고 생각하기 때문이다. 그러나 눈앞의 우수 제품(조직)을 마다하면서 이탈을 하지 않는 또 다른 부류의 고객도 있다. 그들은 자신의 신념에 덧붙여 타인들의 불평이나 항의가 합해지면 일을 이룰 수 있으리라고 믿는다. 이때의 타인들이란 (항의의) 비용이 높아져서 다시 되돌아가는 것이 낫다고 생각하면 거리낌 없이 제품 B로 돌아설 사람들이다. 마지막으로, '충성심' 때문에 제품 A를 버리지 않는 부류가 있다. 이는 합리성이 적지만 그렇다고 완전히 비합리적인 방식도 아니다.[9] 이 '충성파'들의 상당수는 제품 A의 정책과 관행을 바꾸는 행동에 적극 참여하겠지만, 나머지는 단순히 상황이 좋아지리라는 확신에서 이탈을 거부하고 고생을 견딜 것이다. 따라서 항의

....

9 7장을 참조하라.

방식은 상황을 '내부로부터' 변화시키려는 시도 안에 매우 넓고 다양한 활동과 리더십을 포함한다. 그러나 항의 방식은 항상 쇠락하는 기업이나 조직에 '집착'하는 결정을 수반하고, 이 결정은 순서대로 다음과 같은 두 가지 사실에 근거한다.

(1) 자신 혹은 타인의 행위가 제품 A를 생산하는 기업이나 조직을 '원위치'시킬 가능성에 대한 평가.
(2) 다양한 이유에서 지금 바로 이곳에서 활용 가능한 제품 B의 확실성을 (1)에서 언급한 가능성과 맞바꾸는 것이 가치 있다는 판단.

이러한 결론에 도달한 것은 항의 방식을 따르게 하는 요인은 여러 가지이지만 제품 A에 대한 제품 B의 대체 가능성이 중요한 요인 중 하나이기 때문이다. 제품 A의 본래 가치가 제품 B에 비해 충분히 우월해서 (비록 현재는 제품 B가 제품 A에 비해 우월하지만) 제품 B를 포기하는 것이 가치 있다고 생각할 경우 소비자들은 당연히 항의 방식에 호소할 것이다. 이런 일은 제품 A와 제품 B가 밀접한 대체재인 경우에는 여간해서 일어나지 않을 것이다. 그러나 최소한의 대체 불가능성만 있다면 항의 방식은 이탈 방식의 확실성에도 불구하고 항의 방식을 택하려는 의지, 그리고 소비자들이 자신의 행동 혹은 자신을 포함한 다른 사람들의 행동으로 기대할 수 있는 개선 수준에 달려 있을 것이다.

이 공식을 에드워드 밴필드의 정치적 영향력에 관한 연구와 비교해보면 도움이 된다. "이해관계자들이 정책 결정자에게 안건을 올리기 위해 펼치는 노력은 유리한 결과로부터 얻을 수 있는 이득과 그 결정에 영향을 미칠 수 있는 확률을 곱한 값에 비례한다."[10]

밴필드는 이 공식을 미국 대도시의 정책 결정과 그 결정에 참여한 다양한 개인과 집단의 참여 과정에서 얻어냈다. '이익 표명'의 기능에 주목한 대부분의 다른 정치학자와 마찬가지로 밴필드는 개인과 집단이 기본적으로 수동적 자세와 참여적 자세를 택하는 상황을 분석했다. 현재 논하고 있는 모델은 대체 상품의 가용성加用性을 인정한 결과 이탈 방식의 가능성이 있으므로 밴필드의 모델보다 좀더 복잡하다. 밴필드의 공식이 항의를 통해 얻는 이득을 계산하는 방식은 옳지만[11] 이탈의 대체물로서 항의를 논하기 위해서는 비용 산정의 문제도 포함해야 한다. 지금까지는 이탈을 하지 않은 것을 비용과 동일시했지만 이제는 이러한 기회비용에 더

....

10 Edward C. Banfield, *Political Influence*, New York: Free Press of Glencoe, 1961, p. 333. 강조는 원저자가 한 것이다.

11 한 가지 주의할 점은 지금 사용하는 항의의 개념은 밴필드가 지칭하는 '영향력'보다 훨씬 광범위하다는 것이다. 밴필드의 경우 공적 지위를 가진 정책 결정자에게 직접적으로 전해지지 않은 견해나 불만의 표현은 제외한 것으로 보인다.

해 항의 방식에 따르는 직접 비용도 함께 고려해야 한다. 항의 방식에 산정되는 직접 비용은 제품의 구매자나 조직의 구성원이 자신들이 구매하는 물품을 생산하는 기업이나 자신들이 속한 조직의 정책과 관행을 바꾸려는 노력에 드는 시간과 금전을 말한다. 시장에서 구매하는 생산품의 경우 이탈에 따른 비용은 그리 높지 않을 것이다. 물론 이 경우 충성스럽게 하나의 제품을 구매함으로써 얻은 할인의 기회를 잃어버리거나 구매자가 고른 대체 품목에 관한 정보를 얻기 위해 들인 비용은 크게 고려하지 않은 것이다.[12]

그러므로 항의 방식은 이탈과 비교하여 비용이 많이 들고, 자신이 구매하려는 물품을 생산하는 회사 혹은 자신이 속한 조직에 발휘할 수 있는 영향력과 협상력에 달려 있다. 이 두 가지 특징은 경제생활과 사회생활 사이에 대체로 유사한 영역이 있으므로 항의 방식이 (적어도 일정 기간만이라도) 이탈 방식을 궁지에 몰아넣을 수 있음을 의미한다. 항의 방식은 이탈 방식에 비해 비용이 더 많이 드는 경향이 있으므로 소비자는 구매하는 재화와 서비스의 수가 증가함에 따라 점점 더 항의 방식을 택할 여유가 줄어들 것이다. 즉 자신과 관련된 어느 한 가지 일이라도 잘못되어 그것을 바로잡는 시간적 비용이 아무리 작다고 해도 아마 나머지 관련된 사

....

12 그러나 충성심이 있는 경우라면 이탈의 비용은 아마도 상당할 것이다. 이에 대해서는 7장에서 논의할 것이다.

안 모두로부터 얻을 수 있다고 생각되는 예상 편익을 초과할 것이다. 이것이 바로 항의 방식이 물품을 구매하는 기업보다는 자신이 속한 조직과 관련해서 더 중요한 구실을 하는 여러 이유 중 하나일 것이다. 후자(조직)는 전자(기업)보다 수적으로 훨씬 적다. 물론 이에 더하여 제품 수가 늘어나게 되면 수요의 교차 탄력성이 증가하는 경향이 있고, 수요 탄력성이 증가한 만큼 무작위로 추출한 품질 저하에 따른 이탈의 가능성 또한 증가할 것이다. 이러한 이유들로 항의 방식은 주로 구매자가 상당한 양의 물품을 구입하거나 구성원이 자신의 조직을 대상으로 하는 적극적인 메커니즘일 가능성이 크다.

항의 방식과 이탈 방식을 구별하는 또 다른 특징(즉 고객들이 자신 혹은 다른 고객들이 상당한 영향력이나 협상력을 행사할 수 있을 것이라고 예상하는 조건)에 초점을 맞추면 항의 방식의 소재所在와 관련해서도 유사한 결론에 도달하게 된다. 분명 이러한 현상은 원자화된 시장에는 해당되지 않는다. 항의 방식은 구매자 수가 적은 시장이나 소수의 구매자가 총 판매량의 상당 부분을 점유하는 곳에서 중요하게 기능할 확률이 대단히 높다. 왜냐하면 소수의 구매자에 대한 부담이 크기 때문에 심지어 고립된 상태에서도 상당한 힘을 행사할 것이기 때문이다.[13] 다시 말하면 매우 강력한 영향력을 가진 조직의 구성원이 물품구매 기업의 정책에 상당한 영향력을 행사하는 구매자보다 훨씬 흔할 것이다.[14] 따라서 항의 방식은 기업보다는 조직에서 쉽게 발견될 것이다.

그러나 구매자가 많다고 하더라도 특정 종류의 구매는 항의 방식에 적합하다. 소비자가 값싼 비내구성 제품에 불만을 품을 경우 그는 불만을 드러내지 않고 다른 종류의 제품으로 넘어가버리기 십상이다. 그러나 소비자가 자동차처럼 값비싼 내구성 제품에 대해 밤낮으로 불만을 느낀다면 그는 가만히 있기 쉽지 않을 것이다. 이럴 경우 소비자의 불만은 이 제품을 판매한 기업이나 판매자의 관심을 받지 않을 수 없다. 여기에는 두 가지 이유가 있다. 하나는 이 소비자가 1년이고 3년이고 5년이고 미래의 잠재적 고객이며, 그가 전파하는 부정적 선전 효과는 (자동차처럼) 표준화된 재화의 경우 막강할 것이기 때문이다.

이와 같은 논의는 여러 경제 발전 단계에 따르는 항의 방식과 이탈 방식의 역할에 대해 두 가지 결론을 던지고 있다. 가용-재화의 종류와 다양성이 풍부한 선진국 경제의 경우 항의 방식보다는 이탈 방식을 선호하겠지만 표준화된 값비싼 내구성 소비재가 점점

---

13 Mancur Olson, Jr., *The Logic of Collective Action*, Cambridge, Mass.: Harvard University Press, 1965.

14 다음의 저서는 영향력 있는 구매자에 대해 소개하고 있다. John Kenneth Galbraith, *American Capitalism: The Concept of Countervailing Power*, Boston: Houghton Mifflin Co., 1956, pp. 117~123.

중요해지면서 항의 방식도 점차 중요해질 것이다.

앞의 논의는 항의 방식, 특히 이탈 방식의 대체물로서의 항의 방식으로 적용 범위를 제한했지만 항의 방식에 남겨진 영역은 아직 상당하고 다소 잘못 규정된 경우도 있다. 더구나 일단 항의 방식이 성과 회복에 상당히 유용하다는 것이 인정된다면 이런 방향으로 제도화를 시행하여 개인적 혹은 집단적 행동 비용을 줄일 수 있을 것이다. 또는 항의 방식을 처음으로 시도한 사람에게 성공적 행위에 대한 보상이 증가할 수도 있을 것이다.

다른 이익집단에 비해 자신의 목소리를 내기가 무척 힘든 소비자 집단도 간혹 완전히 새로운 의사소통 채널을 만드는 경우가 있다. 실제로 이 점에서 소비자들은 상당한 진전을 이루었고, 전반적인 '참여 폭발'로 '소비자 혁명'까지 거론되고 있다. 여기서 말하는 소비자 혁명이란 오래전에 설립되어 여전히 제 역할을 하고 있는 소비자 관련 연구 단체의 활동이 아니라 소비자 혹은 소비자를 대신한 조직이 최근 들어 보여주기 시작한 훨씬 전투적인 행동을 가리킨다. 가장 흔하고 강력한 예가 스스로 소비자의 옴부즈맨을 자칭한 랠프 네이더(미국의 저명한 소비자 운동가-옮긴이)의 캠페인이다.[15] 1964년 이래 대통령의 소비자 자문역으로 네이더를 임명한

----

15 제품과 소비자 운동에 관한 네이더의 광범위한 저작은 다음 논문을 참조하라. Ralph Nader, "The Great American Gyp", *The New York Review of Books*, November 21, 1968.

것은 이러한 소비자 항의 방식에 대한 반응으로, 경쟁과 이탈 방식이 '주권적' 소비자의 모든 문제를 해결해줄 것이라고 믿었던 경제체제에서는 상상하기 힘든 일이었다. 이러한 상황에서 소비자의 항의 방식은 세 가지 방식으로 제도화의 길을 걸을 것이다. 첫째는 네이더식의 독립적 운동 형식을 통해, 둘째는 공식적 규제 기관의 재활성화를 통해, 셋째는 대중에게 물품을 판매하는 기업들의 한 단계 높은 예방 조치를 통해.[16]

소비자가 불만을 소통할 수 있는 효과적이고 새로운 통로를 만드는 일에서 한 가지 중요한 교훈을 얻을 수 있다. 개별적 상품에 대해 이탈을 택할 것인가 항의를 택할 것인가의 균형점을 찾기 위해 구조적 요인(밀접한 대체재의 가용 정도, 구매자의 규모, 물품의 내구성과 표준화 등)이 중요하다는 점은 의심의 여지가 없다. 그러나 항의 방식에 치우치는 정도는 사람들이 불만 표출에 얼마나 익숙한지, 그리고 이러한 불만들을 앞으로 창안될 제도와 메커니즘이 얼마나 저렴하게 효과적으로 전달할 수 있는지에 달려 있다. 네이더와 같은 개인이 (앞서 이야기한 구조적 요인들을) 쉽사리 극복하는 모습을 보건대 구조적 장애물을 '기본적인' 것으로 치부하기는 힘들어졌다.[17]

....

16 전통적으로 이러한 기업들은 시장조사를 통해 고객의 목소리에 '청진기'를 들이댔다.

17 베네수엘라 지역공동체에 대한 연구에서 또 다른 생생한 예를 들 수 있다. Lisa Redfield Peattie, *The View from the Barrio*, Ann Arbor, Mich.; University of Michigan Press, 1968, ch. 7. 미국 도시의 저소득층에서 참여적 대안을 이끌어내는 '예술'이 그녀의 또 다른 논문의 주제다. Lisa Redfield Peattie, "Reflections on Advocacy Planning", *Journal of American Institute of Planner*, March 1968, pp. 80~88.

이탈 방식이 '이것 아니면 저것$^{either-or}$'의 확실한 구분만을 필요로 하는 것이라면 항의 방식은 기본적으로 계속 새로운 방향으로 발전하는 예술이다. 이러한 상황에서 두 대안이 모두 가능한 경우라면 이탈 방식을 선호하는 편견이 생긴 것이다. 고객이나 구성원은 항의 방식이 돈도 적게 들고 더욱 효과적인 방법을 발견해낼 가능성이 있을지라도 대체로 과거에 항의 방식이 치러야 했던 비용과 효과에 근거하여 결정을 내릴 것이다. 그러므로 이탈 방식이라는 대안이 존재하는 경우 항의 방식의 발전은 위축되는 경향을 띠게된다. 바로 이 점이 다음 장에서 약간 각도를 바꾸어 논의할 이 책의 핵심 사안이다.

4장

이탈과 항의를
결합할 때
겪는
특별한 어려움

—

이탈과 항의의 적절한 조합을 찾는 것은 생각보다 단순하지 않다. 우선 각 조직의 성향, 그리고 고객이나 구성원의 특성에 따라 이탈과 항의 중 한쪽이 더 도드라지게 나타난다. 예를 들면, 다양한 외부 지원에 기대면서 판매 순익에 무관하게 운영되는 공기업은 이탈에 둔감하며, 품질에 지대한 관심을 갖는 고객일수록 품질이 떨어지면 곧장 이탈을 선택한다.

허시먼은 전통적인 경제학이 품질의 변화를 가격이나 양의 개념으로 바꿔 다룸으로써 생기는 문제에 주목한다. 품질에 대한 평가는 구매자에 따라 천차만별일 수 있는데, 이것이 전통 경제학에 섬세하게 반영되지 못하면서 현실을 제대로 설명하지 못하고 있다는 것이다. 허시먼은 이 전제를 바탕으로 품질과 가격의 다양한 함수값을 활용해 이탈과 항의의 조합 가능성을 탐색해본다.

■

이 책을 쓰게 된 동기를 머리말에서 조금 언급했는데, 이제 그 이야기를 자세히 풀어놓을 토대가 충분히 마련되었다. 최근의 저서에서 나는 나이지리아 철도가 트럭과의 경쟁에서 저조한 성과밖에 내지 못한 이유를 설명했다. 특히 (철도가 트럭에 비해 상대적으로 우위에 있는) 땅콩처럼 부피가 큰 짐을 장거리 운반하는 경우에도 말이다(땅콩은 라고스 항과 하커트 항에서 약 1280킬로미터 떨어진 북부 나이지리아에서 재배된다). 나이지리아에서는 트럭이 기차보다 뛰어난 능력을 발휘하게 하는 특정한 경제적, 정치적, 사회적, 조직적 이유를 발견할 수 있었다. 그러나 **활발한 경쟁에도 불구하고 불을 보듯 뻔한 비효율을 교정하지 못하는 철도 행정의 지속적인 무능력**에 대해서는 다음과 같은 설명을 덧붙일 수밖에 없었다.

손쉬운 대안이 있으므로 철도 운송은 자신의 약점을 고치려 하기보다는 약점에 빠져들게 된다. 트럭과 버스 운송이 가능하므로 철도가 장거리 운송을 독점했을 때처럼 철도 서비스의 품질 저하는 심각한 사안이 아니다. 철도 행정과 경영에 요구되는 개혁은 정치적 난제이자 심지어 폭발적 문제다. 하지만 강력한 공공의 요구가 없었기 때문에 오랫동안 그럭저럭 버틸 수 있었던 것이다. 아마 이런 이유로 나이지리아뿐 아니라 여타 국가에서 교통이나 교육같이 경쟁에 직면한 분야의 공기업이 이상할 정도로 취약한 것이리라. 공기업이 제공하던 서비스를 손쉽고 만족할 만하게 대체해주는 존재가 있었기 때문에, 고객들에게 선택의 여지가 없었더라면 매우 잘 작동했을 소중한 피드백 메커니즘이 사라져버린 것이다. 공기업들은 정부 부처인 재무부도 자신을 손쉽게 내치지 못할 것이라는 상당한 확신이 있었고, 고객들이 경쟁체제로 옮겨감으로써 발생하는 손실에도 둔감했다. 오히려 그들은 자신의 서비스에 목을 매고 있는, 아울러 다른 대안이 없는 일반 대중이 '불같이 일어나는' 것에 더욱 민감했다.[1]

내가 나이지리아에서 경험한 상황은 이탈과 항의의 조합이 원

---

1 Albert O. Hirschman, *Development Projects Observed*, Washington: Brookings Institution, 1967, pp. 146~147.

상회복에 특히 해로웠던 경우에 해당한다. 이윤 손실에 별 관심이 없었기 때문에 이탈이 별 관심을 받지 못한 반면 목소리를 높일 만한 고객들은 대부분 철도를 버리고 트럭을 택했다. 그러니 항의 방식이 제대로 작동하기도 힘들었다. 특히 여기에서는 항의 방식과 공기업의 관계에 주목해볼 만하다. 만약 앞의 인용문을 일반화할 수 있다면 항의 방식이 이탈 방식과 조합을 이룰 확률은 낮은 반면 '고객이 안전하게 확보되는' 완전독점의 경우에만 항의 방식이 원상회복 메커니즘으로 유효할 것이다.

이러한 상황을 일반화하기 위한 예비 단계로서 하나의 사례를 살펴보자. 나이지리아 트럭과 철도의 관계에 대한 대체 사례로 미국 내의 공립학교와 사립학교에 대해 살펴보자. 이런저런 이유로 어떤 곳에서 공립학교 운영이 부실해졌다고 가정해보자. 이런 일이 일어나면 교육의 질에 관심이 많은 부모들은 점점 더 아이들을 사립학교로 보낼 것이다.[2] 이와 같은 '이탈'이 공립학교의 개선을 위한 자극이 될 수도 있다. 그러나 앞의 예처럼 이런 자극은 별로 중요하지 않다. 왜냐하면 사립학교로의 이탈이라는 대안이 없어야만 학부모들은 공립학교에 남아 부실해진 교육에 대항하면서 열심히 싸울 것이기 때문이다.

....

2 사립학교는 비용이 많이 들고 소득분포가 균일하지 않으므로 부유층 부모가 당연히 우선적으로 공립학교를 떠날 것이다. 그럼에도 불구하고 더 나은 교육을 위해 얼마만큼의 경제적 희생을 감내할 것인가는 소득 수준이 유사한 계층 내에서도, 특히 중산층의 경우 편차가 클 것이다. 지금 논의한 현상은 중산층 부모가 많은 학군에서 분명하게 나타난다. 이곳의 학부모들은 아이들을 사립학교에 보내는 것이 부담되지만 그럼에도 보낼 수 있는 상황인 것이다.

앞의 예에서 다양한 외부의 재정 자원에 기댈 수 있고 판매 순익에 무관하게 운영되는 공공기관은 이탈에 둔감하다는 사실이 밝혀졌다. 그러나 이탈 방식이 성과 하락에 대한 가장 지배적인 반응인 반면 항의 방식이 성과 하락을 방지하는 더 효과적인 반응임을 사기업 분야에서도 목격할 수 있다. 기업 경영진과 주주의 관계가 바로 그것이다. 기업의 경영이 악화되면 정보에 가장 밝은 주주들의 첫 번째 반응은 더 잘 운영되는 다른 회사의 주식을 둘러보는 것이다. 이와 같이 항의 방식보다는 이탈 방식에 길들여진 투자자들은 "경영진이 마음에 안 들면 주식을 팔아라"라는 월스트리트의 규칙을 따른다. 그러나 잘 알려진 교본에 따르면 이 규칙은 "결국 나쁜 경영과 나쁜 정책을 지속시키게 된다". 월스트리트의 규칙이 잘못되었다기보다는 주식시장에서 대안적 투자 기회는 언제나 손쉽게 찾아볼 수 있기 때문에 이탈 방식이 아닌 항의 방식은 가장 충실한 주주가 아니라면 생각하지도 못한다는 것이 더 큰 문제다.[3]

사립학교 대 공립학교의 예에서 명확히 볼 수 있듯이 앞서 지적한 모든 경우에서 중요한 하나의 특징이 나타난다. 품질에 가장 큰 관심을 보이는 고객, 그래서 당연히 가장 깊은 신뢰감을 품고 창조적으로 참여하는 고객은 성과가 악화될 경우 가장 먼저 이탈하기

....

3 B. Graham and D. L. Dodd, *Security Analysis*, 3d ed., New York: McGraw-Hill, 1951, p. 616. 이러한 주장이 이 책의 50장 '주주와 경영진의 불협화음'에 상세히 설명되어 있다. 1962년 출간된 이 책의 4판에서 저자들은 이 주장을 아주 짧게만 되풀이하는 데 그치고 있다. 금융 제도에 있어서 자신들의 충고가 제대로 받아들여지기에는 심각하게 불리하다는 것을 간파한 듯 저자들은 "전통적이지만 별로 이롭지 못한 생각들(즉 회사가 돌아가는 사세가 마음에 안 들면 아무리 소유 주식 값이 낮더라도 자기 지분을 팔아버려야 한다는 생각들)을 돈키호테식으로 좀 과장되게 논박하려 하지 않았나 싶다"라고 말하고 있다.

쉽다는 것이다.

이러한 관찰에서는 한 가지 흥미로운 점이 발견된다. '느슨한' 혹은 '오류가 있을 수 있는' 경제체제에서는 엄격한 독점이 경쟁보다 나을 수 있는데, 이를 전 분야에 걸쳐 생각해볼 수 있는 것이다. 그러나 이런 결론으로 뛰어넘기 전에 지금까지 관찰한 것들을 흔한 경제 용어로 한번 풀어보자.

일상적인 경제학 용어로 설명하자면 이상에서 서술한 상황은 상당히 모순적이다. 누구나 알겠지만, 한계 고객은 상품의 가격이 오르면 가장 먼저 떨어져나가는 부류이다. 그들은 가장 적은 소비자 잉여consumer surplus를 가지고 있고 상품에 가장 관심이 적은 소비자다. 그렇다면 상품의 질이 하락할 때는 어떻게 이와 정반대의 상황이 벌어지는 것일까. 가격이 오르면 가장 먼저 떨어져나가는 소비자와 상품의 질이 떨어지면 가장 먼저 이탈하는 소비자는 다른 부류일까?[4] 이 질문에 대해 '그렇다'고 답한다면 이탈 방식과 항의 방식을 조합하는 것이 왜 그토록 어려운지를 이해하기 쉬울 것이다.

이런 모순 관계가 나타나는 근본적인 이유는 경제생활에서 (가격과 대비되는) 품질이 제대로 탐구되지 않았기 때문이다. 전통적

....

[4] '부록 C'에 이러한 가능성을 '반전 현상reversal phenomenon'으로 언급하고 있다. 말보다 도형을 통한 이해가 더 빠른 독자들은 앞으로 논의할 사항들을 '부록 C', '부록 D'와 병행해서 읽기 바란다.

인 수요 분석은 기록, 측정, 분석에서 대단히 유리한 범주인 가격과 양의 문제에 지나치게 치우쳐 있다. 경제학자나 통계학자는 품질 변화를 일반적으로 등가의 가격이나 양의 개념으로 바꿔 다루었다. 질이 낮은 제품은 정규품질의 제품에 비해 수요도 적을 것이라고 단순하게 생각했던 것이다. 이 논리에 따르면 주행거리가 고품질 타이어의 반밖에 되지 않는 자동차 타이어는 그 수요도 반밖에 안 될 것이다. 달리 표현하면 낮은 품질은 더 높은 비용과 가격으로 치환될 수 있다는 것이다. 예를 들면 기차 화물을 노리는 좀도둑이 증가하면 보험료가 오른다는 식이다. 다른 말로 하면 "이제 모두 예전과 같은 철도 서비스를 받으려면 전보다 많은 돈을 지불해야 한다"는 것이다. 이 말이 옳다고 생각하는 경우, 품질 하락이 수요에 미치는 영향은 가격이 일정하게 오르는 것과는 다르다는 생각에 동의하기 힘들다. 다시 말해 품질 저하를 해당 제품의 모든 구매자에게 동일하게 적용하는 가격 상승과 등가로 온전히 표현할 수 있다면 품질 저하로 인한 고객 이탈의 효과와 등가의 제품 가격 상승을 동일시할 수 있을 것이다.

이제 문제의 핵심으로 들어가보자. 어떤 개인에게 품질 변화는 등가의 가격 변화로 나타낼 수 있다. 그러나 이런 등식은 동종 제품의 다른 구매자들에게는 적용되지 않을 수 있다. 왜냐하면 구매자들 간에 품질에 대한 평가는 상당히 다르기 때문이다. 이 점은 앞서 말한 자동차 타이어나 철도 운송에도 어느 정도 들어맞는다. 질 좋은 타이어가 오래간다는 점을 높이 평가하는 것은 각 소비자들의 시간 관념에 달려 있다. 화물 운송의 경우 상승한 보험료는 화물 운송 서비스의 악화로 탁송자에게 발생하는 직접 평균 화폐비용이 상승해야만 온전히 상쇄된다. 어떤 탁송자에게는 이런 것이 유일한 관심사일 수 있지만, 또 다른 탁송자는 기차 운송 서비스의 신뢰성이 떨어진 결과 보험료로는 완전히 보충되지 않는 비용들(불편함이나 자신의 신뢰 저하 등)에 관심을 기울일 것이다. 사람에 따라(포도주, 치즈 혹은 자녀 교육처럼) 질의 중요성이 다르다는 것은 분명 대단한 발견은 아니다. 그러나 이는 품질이 동등한 수준으로 저하되더라도 고객에 따라 손실분은 매우 다르다는(즉 상이한 등가적 가격 상승) 뜻이다. 상당한 소비자 잉여를 지닌 동시에 전문가적 취향을 가진 사람이라면 품질만 괜찮다면 그 품질이 떨어지기 전에, 예를 들면 두 배의 가격을 주고라도 제품을 구매할 의향이 있을 것이다. 이런 사람은 제품의 질이 떨어지면 품질이 떨어지지 않은 경쟁 제품을 구입할 것이다. 경쟁 제품이 아무리

비싸더라도 말이다.

그렇다면 지금까지 관찰한 사안들을 이론적으로 정리해보자. '전문가적 재화connoisseur goods'의 경우(교육의 예에서 알 수 있듯 이런 재화는 양질의 포도주에 국한되지 않는다) 품질이 떨어지면 이탈하는 소비자는 가격이 오르면 떠나가는 한계 소비자와 같지 않다. 오히려 상당한 소비자 잉여를 가진, 즉 한계 소비자가 아닌 소비자intramarginal consumer일 것이다(한계 소비자는 정확히 가격만큼 자신의 지불 의사가 있는 소비자를 가리킨다. 그러므로 지불 의사가 시장 가격보다 높은 소비자는 한계 소비자가 아니다-옮긴이). 단순하게 표현하자면 가격 상승에 다소 무딘 반응을 보이는 소비자는 대체로 품질 저하에 매우 민감하게 반응하는 소비자일 가능성이 크다.

동시에 높은 소비자 잉여를 가진 소비자는 바로 그 이유 때문에 품질이 떨어지면 가장 손해를 보게 된다. 이들이 바로 품질이 떨어지면 가장 소리 높여 항의할 사람들이다. 떠나기 전까지는 말이다. "힘차게 떠나든가, 힘차게 남아 있든가"라는 에릭슨의 말이 들어맞는 것이다.[5] 이 문구가 가장 잘 들어맞는 대표적인 경우는 품질에 민감한 소비자 혹은 자신이 속한 조직의 정책에 가장 관심이 많은 구성원이다. 이러한 소비자나 구성원을 얼마 동안 '능동적으

....

5 Erik Erikson, *Insight and Responsibility*, New York: W. W. Norton & Co., Inc., p. 86.

로 눌러 앉히는' 일은 (이탈 방식보다 항의 방식에 잘 준비된) 많은 기업이나 조직의 관심사가 아닐 수 없다.

전문가적 재화에 대한 다양한 소비자 행위를 더욱 심도 깊게 논의하기에 앞서 오래된 개념인 소비자 잉여에 대해 잠시 살펴보도록 하자. 이 개념은 상이한 소비자층의 잠재된 영향력을 측정하는 데 상당히 유용하다. 여기에서 잠재된 영향력은 전통적인 소비자 잉여에 대응하는 것이다. 소비자 잉여는 시장 가격으로 제품을 구매한 소비자가 얻는 이득gain을 측정한다. 이 이득이 클수록 소비자는 이를 안전하게 확보 또는 담보하기 위해 '무엇인가 하려는' 동기를 더 많이 가질 것이다. 전통적으로 경제학의 영역에 머물렀던 이 개념을 이용하면 정치적 행동을 설명할 수 있을 것이다.[6]

분명 가용 대체재의 성격은 전문가적 재화의 품질이 떨어질 경우 품질에 민감한 고객들이 재빨리 이 재화를 포기할 것인가 말 것인가라는 질문과 무관하지 않다. 이탈과 항의 방식을 논의한 3장에서의 가정은 유일하게 가용한 경쟁재 혹은 대체재가 애당초 품질은 떨어지지만 가격은 같다는 것이었다. 물론 일상적으로는 다양한 가격-품질 조합이 존재한다. 특히 소비자들은 자신이 실제로 구매한 재화 사이에서 주저할 수 있다. 즉 가격은 높지만 품질

....

6 유사한 방식으로 오래된 경제학 개념인 '교역으로부터의 이득gain from trade', 즉 교역 대상자가 교역을 통해 이득을 얻는 국가에 행사할 수 있는 영향력을 변용하여 분석한 예로는 다음을 참조하라. Albert O. Hirschman, *National Power and the Structure of Foreign Trade*, Berkeley: University of California Press, 1945, rev. ed. 1969, ch. 2.

이 더 나은 대체재, 아울러 가격은 낮지만 품질도 낮은 대체재 사이의 구매가 그 예다. 이제 가격은 비싸지만 품질이 더 나은 대체재만 있고, 아울러 한 소비자 집단이 구매하는 전문가적 재화의 품질이 떨어진다고 가정해보자. 이 경우 가장 쉽게 생각할 수 있는 것은 품질이 하락한 전문가적 재화를 가장 높게 평가했던 소비자가 바로 고가격·고품질의 대체재로 옮겨갈 것이라는 점이다. 반면 오로지 저가격·저품질의 재화만 택할 수 있다면 품질을 우선시하는 소비자는 품질 저하로 고생이 심하더라도 품질에 덜 민감하게 반응하는 소비자들보다 본래의 제품에 더 오랫동안 집착할 것이다. 이와 유사한 명제는 무차별곡선에 대한 분석을 통해 쉽게 증명할 수 있다.[7]

따라서 품질 변화에 가장 민감한 소비자들의 신속한 이탈은(이 상황은 항의 방식의 가장 중요한 후원자를 잃게 되어 항의 방식이 마비되는 상황이기도 하다) 고가격·고품질 재화를 사용할 수 있는지 여부와 관련이 있다. 예를 들어 이러한 상황은 주택 분야에서 오랫동안 관찰되었다. 자신이 살고 있는 동네의 상황이 일반적으로 악화되면 안전, 청결, 좋은 학교 등을 우선시하는 사람들이 가장 먼저 이주할 것이다. 이런 사람들은 부유한 이웃의 거주지나 교외 지역에

---

7 '부록 D'에서는 여기서 논의한 다양한 주제를 더욱 전문적인 용어로 설명하고 있다.

서 주택을 물색할 것이고 동네를 살리기 위한 시민단체나 활동에 참여하지 않을 것이다. 공립학교 대 사립학교의 경우로 되돌아가 보면 공립학교는 사립학교와의 경쟁에서 몇 가지 불리한 점이 있다. 첫째로, 공립학교의 질이 떨어지면 교육에 관심이 많은 부모는 아이들을 전학시킬 것이다. 이 부모들은 (질 높은 사립학교라는) 대안이 없었다면 가장 활발하게 교육의 질 저하에 맞서 투쟁할 사람들이다. 둘째로, 그 후 사립학교의 질이 나빠지면 이 부류의 부모들은 공립학교의 질이 떨어졌을 경우에 비해 사립학교에 더 오랫동안 아이들을 맡길 것이다. 그러므로 공립학교보다 교육의 질이 높은 사립학교가 공립학교와 병존할 경우 교육의 질이 떨어지면 공립학교보다는 사립학교에서 '내부로부터의' 투쟁이 강하게 전개될 것이다. 그리고 공립학교의 경우 이탈이 강력한 원상회복 메커니즘이 아니기 때문에(사립학교의 경우 수지타산을 맞춰야 하므로 이탈 방식이 더욱 강력한 원상회복 메커니즘이다) 이탈 방식이 실패하면 덩달아 항의 방식도 효율적일 수 없다는 난해한 문제가 발생한다.

앞서 논의한 예들이 가장 잘 적용되는 곳은 교육제도나 운송체계같이 두 종류의 선택과 결정이 불연속적으로 일어나는 상황이다.[8] 만약 저가의 저품질에서 고가의 고품질에 이르기까지 제품이 완전하고 연속적으로 다양성을 갖추고 있다고 가정한다면 품질이 저하될 경우 최상품과 최하품을 제외하고 급속하게 여러 형태의 이탈이 발생할 것이다. 즉 품질을 높이 평가하는 소비자는 고가의 고품질 제품으로 이동할 것이고, 가격에 민감한 사람들은 저가의 저품질 제품으로 이동할 것이다. 가격이 오르는 것이 아니라 품질이 떨어질 때는 전자(품질에 관심이 많은 소비자)가 가장 먼저 떠나겠지만 후자(제품의 가격에 관심이 많은 소비자)의 이탈도 그리 멀지는 않을 것이다.

항의 방식이 저품질 제품보다는 고품질 제품의 품질이 떨어질 경우 더욱 중요한 역할을 하리라는 명제는 다양한 종류의 재화가 존재하는 경우에도 적용된다. 이 경우 다양한 재화가 저품질과 고품질의 전 범주에서 동등한 밀도로 분포되어 있지 않아야 할 것이다. 만일 오직 규모의 경제 때문이라면 저품질이나 중품질의 범주보다는 고품질의 범주에서 밀도가 낮을 것이다. 만약 이 말이 맞는다면 품질에 민감한 소비자가 다음으로 좋은 제품으로 옮겨가려면 최고 양질의 품질이 상당히 떨어져 있어야 한다. 따라서 항의 방식의 범위와 확률은 이 부류의 제품에서 가장 클 것이고, 중품질

....

8 '부록 D'에서 알 수 있듯 반전 현상은 적어도 세 종류의 재화가 있는 상황에서만 일어날 수 있다. 중간 종류의 재화는 가격이 오르거나 품질이 떨어지는 경우이고, 두 번째 종류는 고가격에 고품질 재화의 경우이고, 세 번째 종류는 저품질에 저가격 재화의 경우다. 이러한 분류에서 중간재의 가격이 상승하면 요구 조건이 적은 소비자가 가장 먼저 저가격·저품질 제품으로 이동할 것이고, 반면 중간재의 품질이 떨어지면 품질을 높이 평가하는 소비자가 가장 먼저 고가격·고품질 제품으로 떠날 것이다. 비록 앞의 예는 공립학교에서의 교육과 사립학교에서의 교육이라는 두 가지 예만 들었지만, 공립학교

과 저품질의 범주에서는 상대적으로 덜할 것이다.

　이러한 발견에서는 두 가지 추론이 가능하다. 첫째, 교육 문제와 연결시켜보면 일반적으로 '삶의 질'로 개념화된 다수의 기본적인 서비스의 질이 떨어지지 않기 위해서는 항의 방식이 특히 중요하다. 그 결과 결코 비현실적이지는 않지만 논란의 여지가 있는 결론을 하나 제시하자면, 이러한 기본적인 서비스의 경우 품질 저하에 저항하기 위해서는 항의 방식이 필요하고 이는 저품질의 범주보다는 고품질의 범주에서 쉽게 발현될 수 있기 때문에 상류층, 중류층, 하류층 사이의 삶의 간극은 더욱 확연해질 것이다. 이것은 특히 상향적인 이동성을 가진 사회에서 더욱 그러할 것이다. 하나의 사회계층에서 다른 사회계층으로 옮겨가는 통로가 제한된 사회에서는 항의 방식에 의존할 가능성이 자동적으로 강화된다. 모두 자신이 속한 위치에서 삶의 질을 방어하기 위한 동기부여가 강할 것이다. 위로의 이동성이 강한 사회에서 상류 계급과 하류 계급 사이의 격차는 점차 벌어지고 경직되어가고 있다. 반면 이러한 현상은 기회의 균등과 사회적 상향 이동성이 조화를 이루어 효율성과 사회 정의를 보장하는 것이 오랫동안 당연시된 문화에서는 쉽게 관찰하기 어렵다.[9]

교육의 가격이 오르면 비공식적인 가정교육과 같은 제3의 대안이 나타날 것이다. 만약 공립학교 교육이 더 이상 무료로 시행되지 않는다면 교육의 질에 덜 민감한 사람들이 이 방식을 택하리라는 것은 의심의 여지가 없다. 따라서 이 경우 반전 현상을 배제할 수 없다. 이분법적 선택이 가능한 다른 경우에도 이 논리가 적용된다. 즉 더욱 자세히 들여다보면 종종 제3의 대안이 존재함을 알 수 있다. 일반적으로 구매한 재화의 가격이 상승할 경우 좀더 질 낮은 제품을 발견할 수 있는 것이다.

9　다음 책은 이러한 믿음이 지닌 오류를 낱낱이 파헤치고 있다. Michael Young, *The Rise*

만약 품질의 분포 척도가 고품질로 올라갈수록 희박해진다는 하나의 가정과 최선의 결과를 위해서는 이탈과 항의 방식의 조합이 필요하다는 또 하나의 가정을 접목시킨다면 약간 다른 추론이 나올 수도 있다. 만약 이 생각이 받아들여진다면 저품질의 분포 척도에 있어서는 이탈이 과다한 반면 고품질의 분포 척도에 있어서는 이탈이 너무 부족한 것이 탈이다. 후자의 명제에 관한 예는 이 책의 마지막에 나올 것이다.

....

of Meritocracy, New York: Random House, 1958. 또한 이 책의 200~206쪽을 참조하라.

5장

게으른 독점은
어떻게 경쟁을
악용하는가[1]

독점은 소비자를 착취하여 이윤을 극대화하려는 것으로 비쳐지면서 경계의 대상이 되어왔다. 하지만 독점이 가져오는 폐해는 이뿐만 아니라 비효율, 부패, 그리고 방만한 경영 등임을 우리는 경험상 잘 알고 있지 않나?

허시먼은 이탈의 여지가 없는 독점과 어느 정도의 이탈이 가능한 독점을 구분한 후, 후자의 느슨하고 게으른 독점이 불만 가득한 이들을 내쳐버리고 정치적 반대파들을 망명 길로 내보낸 후 나태에 빠진다는 점을 지적한다. 이번 장에서는 이러한 독점과 경쟁 사이의 미묘한 관계를 탐색해본다.

---

1 이 장을 쓰면서 나는 35년 전 존 힉스John Hicks가 말한 "모든 독점이윤의 최고봉은 조용한 삶이다"라는 유명한 말을 언급하지 못했다. 내가 이 말을 기억했더라면 이 경제학자가 '게으른 독점자'를 등한시한 것에 대해 그토록 비판적이지 않았을 것이고, 동시에 이 장의 주요 논점을 더욱 날카롭게 제시할 수 있었을 것이다. "항의 방식의 심도와 양태를 어떻게 가정하느냐에 따라 독점 상황에서보다는 경쟁 상황에서 훨씬 더 조용한 삶을 누릴 수 있다(앨버트 허시먼, 1971년 9월 30일)."

■

어떤 환경에서는 확실한 독점이 경쟁이 있는 느슨한 독점보다 낫다는 깨달음은 서구의 경제학자들에게 받아들이기 쉽지 않은 생각이다. 그럼에도 앞의 주장에 따르면 다음 두 가지 조건에서 이탈의 여지가 없는 상황(확실한 독점)이 어느 정도 이탈이 가능한 상황(느슨한 독점)보다 우월하다는 것을 받아들일 수밖에 없다.

(1) 이탈이 기업이나 조직을 원상회복시키는 메커니즘으로는 효율적이지 못한데도 품질에 민감하고 상황을 예의 주시하는 잠재적인 활동가형 고객/구성원이 떠나는 경우.
(2) 일단 이런 고객/구성원을 확실하게 묶어놓기만 하면 항의 방식이 효과적인 메커니즘이 되는 경우.

이번 장과 다음 장들에 추가로 소개할 예에서 알 수 있듯 첫 번째 조건이 적용되는 상황은 적지 않다. 두 번째 조건은 매우 광범위한 주제다. 이미 지적했듯 조직 내에서 어떤 유형의 '항의 방식'이 발전하는가는 여론과 집단의 이해관계를 표명하고 집약하는 민주적 통제의 역사와 유사하기 때문이다.

그러므로 고객이나 구성원에게 다른 선택의 여지가 없다는 이유만으로 효과적인 참여의 목소리가 자동으로 분출되는 것은 아니다. 아래의 주장에서 알 수 있듯 조직에 영향력을 행사하려면 대항적 경쟁 관계에 있는 라이벌 조직이 있어야 한다. 그래서 항의 방식은 이탈이 가능할 경우뿐만 아니라 (비록 방법은 다르지만) 이탈이 가능하지 않을 경우에도 불리한 입장에 놓이게 된다. 그럼에도 불구하고 확률적으로 다음과 같은 언급이 가능한 경우가 적지 않다. 어떤 사회든 권위적인 구조가 있기 때문에 조직은 (고객이나 구성원의) 요구에 반응해야 하고 개인이나 집단은 자신의 이익을 주장할 준비가 잘 되어 있다는 점을 고려한다면, 약간의 이탈이 가능할 때보다는 고객이나 구성원이 선택의 여지없이 묶여 있을 때 항의 방식이 좀더 효율성을 유지할 수 있다.[2]

----

2 독자들은 이 언급과 완전경쟁의 경우를 비교해보면 흥미로운 대칭성을 발견할 것이다. 1장의 주 1에서 지적했듯 완전경쟁 시장에서 기업은 무엇인가 잘못되었다는 사실을 소비자들의 반응이 아니라 비용의 상승을 통해 직접적으로 알 수 있다. 왜냐하면 완전경쟁하에서 기업은 가격이나 품질을 바꿀 수 없기 때문이다. 이 기업이 입는 손실은 효율성으로부터 얼마나 일탈했는가에 달려 있다. 일탈의 정도가 적으면 손실도 적으므로 기업은 회생할 기회를 갖게 된다. 만약 완전경쟁 시장이라는 가정에서 한발 벗어나 수요는 탄력적인 상태 그대로인데 기업이 제품의 가격이나 품질을 좌우할 수 있는 상황을 가정한다면 사정은 판이하게 달라진다. 이 경우 기업이 조금만 잘못하면 품질이 약

현재 우리가 두 가지 악惡 가운데 하나를 선택해야 하는 상황에 직면해 있다고 가정해보는 것은 이 문제를 이해하는 가장 좋은 방법이다. 한편에는 그 위험성과 악용 가능성이 널리 알려진 전통적인 의미의 완전독점이 있다. 그러나 다른 한편에는 우리의 관심을 끄는 또다른 형태의 조직이 있다. 이 조직은 독점력이 완전하지는 않지만 조직의 성과를 항상 예의 주시하는 고객/구성원이 불만을 품고서 떠나간 후에도 굳건하게 살아남았다. 이 두 가지 유형 중에 어느 것이 더 불만족스러운가는 실제로 흔히 접하는 질문일 것이다.

지금 택한 관점은 오랜 세월 독점에 대한 관심과 투쟁에 원기를 불어넣었던 정신과는 대조되는 것이다. 전통적인 믿음에 따르면 독점자들은 생산을 제한함으로써 자신의 능력을 최대한 발휘하여 소비자를 착취하고 이윤을 극대화하고자 한다. 독점에 대한 공공 정책은 주로 이러한 전통적인 믿음에 근거하고 있다. '전통적인 믿음'에 반기를 들기로 유명한 갤브레이스조차 독점의 착취적 형태를 유일무이한 최우선의 경계 대상으로 여겼다. 갤브레이스는 『미국의 자본주의American Capitalism』라는 저서에서 선진 자본주

간 떨어질 것이고, 이는 곧 기업이 굴복할 수밖에 없는 막대한 이윤 손실로 이어질 것이다. 스펙트럼의 정반대쪽에서도 유사한 상황이 일어날 수 있다. 원상회복의 관점에서 보면 어떤 경우에는 완전독점이 경쟁으로 인해 약간 제어당하는 독점보다 나을 수 있다. 왜냐하면 이처럼 제한된 경쟁하에서는 손실이 너무 작아 경영진에 경고음을 발하지 못하면서도 (기업에 불만이 있을 때) 가장 목소리를 높일 수 있는 고객들이 떠나감으로써 참여의 방식을 결정적으로 악화시키기 때문이다. 따라서 완전독점에 약간의 경쟁적 요소를 섞거나 완전경쟁하에서 경쟁력을 약간 강화하기보다는 완전경쟁이나 완전독점의 양극단에서 원상회복 메커니즘이 더욱 잘 작동할 것이다.

의 경제가 지닌 독점적 경향성을 경쟁으로 치유하려는 시도는 비현실적인 방법임을 지적하면서 그 대안으로 이미 존재하는 치료법, 즉 '길항력countervailing power'을 찬양하고 있다. 그러나 독점자들의 이윤 극대화와 착취뿐만 아니라 비효율, 부패 그리고 방만함이 문제가 된다면 어떨까? 어쩌면 궁극적으로는 이것이 더 흔한 독점의 위험일 것이다. 즉 독점자들이 그들의 제품에 높은 가격을 매기는 것은 거대한 이윤을 거머쥐기 위해서가 아니라 생산비용을 낮출 수 없기 때문이 아닐까? 혹은 더 전형적인 경우라면 독점자들은 이 과정에서 금전적 이윤을 취하지 않고 그 대신 판매 서비스나 품질이 떨어지는 것을 방치하지 않을까?[3]

독점이나 시장 권력이 추구하는 착취나 이윤 극대화 등 눈에 확 띄는 현상에 관심이 집중되는 반면 이와 반대되는 문제점, 예를 들면 게으름, 무기력 그리고 부패에 대해서는 별다른 관심이 주어지지 않았다. 이 문제가 공공 정책의 쟁점이라는 것을 깨닫기 위해서는 극대화 혹은 '엄격한 경제' 모델의 관점에서 경제를 사유했던 '영미권'의 세계를 넘어서야 한다. 몇 년 전 저명한 프랑스 경제 관료가 사기업에 대한 다양한 공공 통제안을 제시하면서 가장 중요한 문제로 꼽은 것은 망해가는 기업 경영진의 무능력과 '방

---

3 브라질 연구자의 다음 말과 비교해보자. "브라질의 대토지 소유는 비인간적이거나 잔학해서가 아니라 비효율적이기 때문에 악이다." Jacques Lambert, *Os dois Brasis*, Rio de Janeiro: INEP-Ministerio da Educação e Cultura, 1963, p. 120.

치'였다.[4]

권력의 소유자를 잔학함이나 나약함에 빠져들게 한다는 점에서 정치 권력은 시장 권력과 매우 유사하다. 여기에서도 문제시되어 집중 조명을 받은 것은 관료의 무능과 부실 행정보다는 (물론 충분한 이유가 있기는 하지만) 개인 권리의 침해 같은 권력 남용의 위험이었다. 당연한 귀결로 현재 광범위하게 논의되고 있는 옴부즈맨 제도의 본래 목적은 헌법이 부여한 이상의 권한을 행사한 관료층에 대항하여 시민들의 불만을 교정하는 것이었다. 그러나 이후 이 제도는 '주목적이 변화'하면서 오늘날과 같은 '행정 개선', 부정행위 교정 등의 목적을 갖게 되었다.[5] 다시 말해 이 제도의 원래 의도는 과도한 횡포를 부리는 관료의 권력 남용을 억제하는 것이었지만, 이제 그 쓰임새가 넓어져 관료적인 나태를 바로잡고 징계하는 데도 쓰이게 되었다.

이처럼 쓰임새가 다양해지는 것은 바람직하지만 그렇다고 그것이 규칙이 될 수는 없다. 만일 독점자들의 맹목적인 이윤 추구를 막기 위한 모든 안전망이 독점자들의 방만과 방심을 모두 치료하는 이중의 임무를 지닌다면 이는 놀라운 일이다. 이탈과 경쟁이 바

---

4 François Bloch-Lainé, *Pour une réforme de l'entreprise*, Paris: Editions du Seuil, 1963, pp. 54~57, 76~77. '영미권'의 저작, 특히 노동조합을 다룬 저서들은 독점의 '수면'과 '나태'의 가능성에 어느 정도 관심을 기울이고 있다. 다음을 참조하라. Richard A. Lester, *As Unions Mature*, Princeton: Princeton University Press, 1958, pp. 56~60; Lloyd G. Reynolds and Cynthia H. Taft, *The Evolutiom of Wage Structure*, New Haven: Yale University Press, 1956, p. 190.

5 Hing Yong Cheng, "The Emergence and Spread of the Ombudsman Institution", *The Annals*, special issue on "The Ombudsman or Citizen's Defender", May 1968, p. 23.

로 이 경우에 해당한다. 경쟁이 있다면 이윤 극대화를 추구하는 착취적인 독점자의 문제를 해결하기에 더없이 도움이 되겠지만, 만약 주 관심사가 독점자들이 무기력해지고 그저 그런 상태로 빠져드는 것을 막는 것이라면 경쟁은 득보다 실이 될 것이다. 왜냐하면 이 경우 앞 문단의 연장선상에서 이탈과 경쟁은 조직의 생사에 중대한 위협을 가하지 않고 항의 방식을 치명적으로 약화시키기 때문이다. 적자가 있었지만 공공 재정의 지원을 쉽게 받을 수 있었던 나이지리아 철도 공사는 경쟁이 득보다 실이 되었던 경우에 해당한다. 경쟁 체제는 흔히 예상하듯 독점을 억제하기보다는 말썽 많은 고객들을 제거함으로써 부담을 덜어주는 경우가 많다. 그 결과 매우 중요하지만 별로 알려지지 않은 전제적專制的 독점과 맞닥뜨리게 된다. 이는 무능한 자가 약자를 억압하고 게으른 자가 가난한 자를 착취하는, 즉 독점에 대한 야심은 없지만 동시에 독점으로부터의 탈출이 가능한 까닭에 더욱 견고하고 억압적이다. 이 유형은 그동안 불공평하게 많은 관심을 받았던 전체주의적이고 확장주의적인 독점 형태 혹은 이윤 극대화와 축적 지향적인 독점 형태와 극명한 대비를 이룬다.

경제 분야에서 힘겨운 노력이나 비판에서 벗어나기 위해 '경쟁을 환영하는' '게으른' 독점은 그 힘이 장소에 근거하거나 고객의 이동성에 상당한 격차가 있는 경우에 쉽게 찾아볼 수 있다. 흔히 그렇듯 품질에 가장 민감하게 반응하는 고객들은 이동성이 높다. 지역 내 독점기업의 성과 하락으로 인해 그들이 떠나가게 되면 해당 독점기업은 편안하게 일상의 나락에 빠지게 된다. 예를 들면 품질에 예민한 후견 고객들이 소도시나 '게토' 지역의 상점에서 더 나은 상점으로 옮겨간 경우, 개도국에서 자주 전기가 나가는 지역의 요구 수준 높은 고객들이 다른 곳으로 이사를 가거나 독자적인 전기 설비를 갖추는 경우가 이에 해당한다.

입맛이 까다롭고 잘사는 고객들을 위한 몇몇 제한된 선택을 제외하고는 선택의 여지가 별로 없는 탓에 번창하는 게으른 독점자를 미국 우체국의 예에서 찾을 수 있다. 전신, 전화 등 빠르고 안정적인 통신 수단이 등장하면서 우편 서비스의 약점들은 오히려 더욱 참을 만해졌다. 이로 인해 우체국은 다른 통신 수단을 이용하는 것이 비현실적이거나 혹은 가격 면에서 부담을 느끼는 고객들을 더 전제적으로 대할 수 있게 되었다.

게으른 독점으로 권력을 소유한 자들이 제한된 범위의 탈출구를 마련하여 불만의 목소리를 내며 자신을 불편하게 하는 고객들을 떠나보낼 수 있다면 이익이 될 것이다. 이윤 극대화를 추구하는 독점자와 게으른 독점자를 비교해보면 잘 알 수 있다. 전자의 경우 가능하다면 가격을 차별화해서 가장 열렬한 고객층으로부터 최대한 이윤을 뽑아내려 하겠지만, 후자는 열혈 고객들이 최상의 제품을 만들라고 끊임없이 피곤하게 요구하지 못하도록 차라리 되지도 않는 가격을 매겨 이들을 시장에서 완전히 쫓아내려 한다. 왜냐하면 이 열혈 고객들은 품질이 하락할 경우 (원래의 고품질 제품에 대해) 최고 가격을 지불할 생각이 있을 뿐만 아니라 가장 심하게 요구하고 가장 까다롭게 행동할 가능성이 농후하기 때문이다.[6]

(이윤 극대화의 관점에서 보면) 이처럼 거꾸로 된 차별의 예를 경제 영역에서 찾기는 쉽지 않다. 한편으로는 열심히 찾지 않은 탓도 있지만 다른 한편으로는 일반적으로 가격 차별화를 쉽게 시행하기 어렵기 때문이다. 그러나 정치 영역에서는 매우 유사한 상황을 어렵지 않게 찾을 수 있다. 남미의 권력자들은 오랫동안 정치적 반대자들이나 잠재적 비판자들이 자발적으로 망명해 사라져버리도록 고무했다. 모든 남미 국가가 매우 관대하게 채택하고 있는 망명권 right of asylum은 '반대의 목소리를 잠재우기 위한 음모'와 다를 바가 없다. 콜롬비아의 법률이 극명한 예다. 이 법률에 따르면 전직

----

6 게으른 독점자들이 열혈 고객의 목소리를 잠재울 또 다른 방법이 있다. 골치 아픈 열혈 고객들에게만 특별히 최상의 서비스를 제공하는 것이다. 이것은 가격 차별화라기보다는 품질 차별화다. 이번에도 목적은 최대 이윤을 뽑아내는 것이 아니라 '퇴보할 자유'를 구매하는 것이다.

대통령이 해외에 거주하면 국내에 거주하는 경우 받을 자국의 화폐 금액만큼을 미국 달러로 지불받는다. 이 법이 시행될 당시 콜롬비아 환율은 달러당 5~10페소였으므로 잠재적 '말썽꾼'들을 망명으로 유도하는 공식적인 유인책으로는 대단한 것이었다.

어떤 나라에서는 이런 특별 유인책이 없었음에도 불구하고 다른 나라보다 정치적인 반대자나 패배자의 망명이 쉬웠다. 일본과 남미를 비교한 아래의 글을 살펴보면 이탈을 통해 빠져나갈 수 있다는 것이 항의 방식을 통해 활기차고 건설적인 정치 과정을 구축하는 것을 얼마나 어렵게 하는지 알 수 있다.

> 고립되어 있는 일본은 정치적인 반대에 대해 매우 엄격한 경계가 있었다. 쉽사리 망명할 처지가 안 된다는 사실이 타협의 미덕을 가르치는 훌륭한 반면교사가 되었던 것이다. 체포나 살해의 위협에 처한 아르헨티나의 신문사 편집국장은 강을 건너 (우루과이의 수도인) 몬테비데오로 잠입하면 같은 언어, 같은 얼굴 그리고 익숙한 책에 둘러싸여 모국처럼 편하게 친구도 사귀고 직업도 가질 수 있다(아마 최근에 그는 확산 일로에 있는 국제기구 사이에서 이미 피난처를 마련했을지도 모른다). 반면 극소수를 제

외하고는 모든 일본인에게 안락한 집 같은 곳은 오직 한 곳뿐이었다.[7]

이런 견해에 따르면 일본은 '출구 없는' 정치체제로 인해 이익을 얻은 반면 항상 탈출의 기회가 손짓하는 남미에는 분파주의와 개인적 영웅주의personalismo라는 특징이 생겼다. 이런 영향은 남성 우월주의machismo로 상징되는 스페인식 특징과 기타 전통적인 원인들이 이들 국가의 정치체제에 끼친 영향만큼 지대한 것이었다.

7 R. P. Dore. "Latin America and Japan Compared", in John J. Johnson, ed., *Continuity and Change in Latin America*, Standford: Standford University Press, 1964, p. 238.

6장

공간적 복점과
양당체제의
역학 관계에 대하여

—

소비자나 유권자의 힘은 자신의 이해와 요구에 따라 다른 선택을
할 수 있는 데서 비롯된다고 알려져 있다. 하지만 선뜻 다른 선택을
하기 어려운 경우에 소비자나 유권자는 기업이나 정당이 자신의 요
구에 관심을 기울이도록 유혹하고 협박하며 유도하기도 한다.
이번 장에서는 두 기업이 시장을 잠식하고 있는 복점체제나 두 정
당이 굳건히 자리하고 있는 양당체제처럼 쌍방 경쟁이 이뤄지는
상황에서 소비자나 유권자의 항의와 이탈 방식을 살펴본다. 이 분
야 연구의 선구자라 할 만한 해럴드 호텔링의 모델을 검토하고 이
후 등장한 앤서니 다운스의 모델까지 점검한 다음 허시먼은 이들
모델이 들여다보지 못한 지점을 넘어서서 자신의 의견을 개진해
간다.

■

　지금까지의 분석은 기업이나 조직의 성과가 명확하게 하락하는 상황을 출발점으로 삼았다. 이탈과 항의 방식은 모두 이러한 성과 하락에 대한 반응이었다. 특정 조건에서 이탈과 항의는 기업이나 조직의 성과 하락을 억제하고 반전시킬 것이다. 각각의 소비자들은 품질 변화에 대한 민감도에 있어서 차이가 있긴 하지만, 그럼에도 불구하고 모두 변화를 긍정적이거나 부정적인 것으로 경험했다. 이제는 이러한 가정은 버리도록 하자. 이 점에서 다시 한 번 품질과 가격은 서로 완전히 다른 현상임이 드러난다. 제품의 가격이 오르면 모든 소비자의 실질소득이 감소하므로 제품의 가격 하락은 모든 소비자에게 좋은 소식이다. 하지만 품질이 변화하는 경우 어떤 소비자는 이를 매우 중요하게 평가하는 반면 어떤 소비자는 그러지 않는다. 정당이나 다른 조직의 입장 변화에 대해서도 마찬가지다.

만약 기업이나 조직이 품질을 변화시켜서 어떤 고객은 만족시키고 어떤 고객은 불만을 갖게 할 수 있다면, 이 기업이나 조직은 어떤 품질을 택할까라는 질문을 떠올릴 수 있다. 이에 대해 경제학자는 이윤을 극대화하는 지점을 그 답으로 제시한다.[1] 그러나 이와 같은 상투적인 사고로는 실제로 벌어지는 문제에 접근할 수 없다. (비용이 불변인 상황에서) 기업이 품질에 일정한 변화를 주어 고객을 얻기도 하고 잃기도 한다면 이윤 극대화라는 기준은 단 하나의 해법만을 제시하지 않기 때문이다. 독점기업의 경우를 한번 생각해보자. 독점기업은 품질에 변화를 주어도 실제로 고객을 잃거나 얻지는 않는다. 하지만 품질을 변화시켜서 일부 고객에게는 만족을, 다른 고객에게는 불만을 줄 수 있다. 이런 상황을 분명하게 하려면 또 다른 기준을 제시해야 할 것이다. 기업에는 이윤 극대화의 기준과 더불어 고객 불만 최소화의 기준도 필요하다. 왜냐하면 자신이 속한 공동체에게 좋은 평판을 얻거나 적대감을 완화하는 것은 지극히 합리적인 목적이기 때문이다.[2] 이런 기준을 적용하면 일반적으로 기업은 이윤을 극대화해줄 품질의 범주에서 중

---

1 논의를 단순화하기 위해 품질은 가격에 영향을 주지 않는다고 가정하자.
2 물론 '장기적인 관점에서는' 이러한 관심을 이윤 극대화와 동일시할 수 있을 것이다.

간 지점을 선택할 것이다. 독점기업에 두 부류의 고객이 있다고 가
정해보자. A를 선호하는 고객은 선형 척도에서 품질 A에서 품질 B
로 옮겨가는 어떤 변화에도 불만을 느끼는 반면 B를 선호하는 고
객은 이를 환영할 것이다. A와 B를 선호하는 고객이 느끼는 불만
의 강도가 같다면 불만 최소화 전략을 구사하는 기업은 품질 A와
B의 중간 지점을 택할 것이다.[3] 품질이 A로부터 멀어질 때 A를 선
호하는 고객이 느끼는 불만이 B를 선호하는 고객이 이와 유사한

....

3 만일 소비자의 기호 빈도분포가 정규분포라면 불만 최소화 전략을 구사하는 기업은 확
실하게 중간 지점을 택할 것이다. 심지어 소비자 기호가 A-B 척도상 동일한 밀도로 분
포해 있어도 마찬가지일 것이다. 왜냐하면 불만의 정도가 실제 품질과 원하는 품질 간
의 거리에 비례한다면 중간 지점을 택하는 것이 불만을 최소화하기 때문이다. 이 논의
는 A-B 척도가 선형 시장linear market에서 물리적 거리를 나타내는 특별한 경우 이미 오
래전에 적용된 것이다(6장의 주 6을 참조할 것). 그렇다면 척도상 기업의 위치는 '품질'을 의
미한다. 척도상에 품질 변화가 일어나면 어떤 소비자에게는 좋은 소식이고 다른 소비
자에게는 나쁜 소식이다. (화폐의 한계효용이 일정하다고 가정하면) 기업의 위치 선정으로 인해
각층의 소비자들에게 유발되는 운송 비용이 불만의 척도일 것이다. 만약 소비자의 기호
분포가 (이 책에서처럼) 두 개의 봉우리bimodal 형태라면 기업이 중간 지점을 택한다고 결
론 내리기 위해서는 조건을 더 부여해야 한다. 실제 품질이 선호하는 품질과 멀어지게
되면 소비자의 불만은 이에 비례하는 이상으로 커지리라고 생각하는 것이 순리다. 그렇
게 되면 불만족 함수는 다음 도표와 같다.

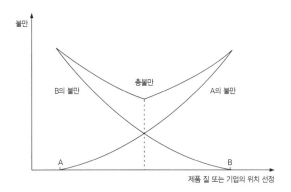

A와 B의 중간 지점을 택함으로써 A와 B를 선호하는 고객의 총불만은 다시 최소화된다.

상황에서 보일 반응보다 강하고 요란하다면 기업은 B보다 A에 가까운 품질 척도점을 선택할 것이다.

이제 항의라는 개념이 모습을 드러냈으므로 기업이 품질을 결정하는 과정을 살펴보자. 한 기업이 불만 최소화 정책을 택하는 것은 계몽된 이기심[4]에 근거한 주체적인 행위라기보다는 기업을 서로 반대 방향으로 끌고 가려는 고객의 항의들에 대처해 중간 정도의 품질을 선택하는 기업의 단순한 반응이라고 해석하는 것이 더 현실적이다. 그러나 이윤 극대화가 기업의 정책 기준을 제시하지 못할 경우 고객의 항의가 그토록 결정적인 역할을 한다면, 어느 순간 이윤 극대화가 품질 범주 중 어떤 지점과 일치하는지를 전적으로 무시하기는 힘들 것이다. 다시 말해 고객의 항의에 대한 관심 (즉 고객의 적대감과 불만을 최소화하기 위한 관심)이 최대 이윤에 대한 관심의 성격을 규정하는 것으로 예상할 수 있다. 만일 이윤 극대화가 불만 최소화와 갈등 관계에 있다면 하나의 목표를 얻기 위해 다른 목표를 희생하는 두 목표 간의 조정이 필요할 것이다.

이런 갈등의 조정이 특히 잘 발생하는 경우를 다음과 같이 설명해볼 수 있다. 품질 A와 B를 선호하는 두 부류의 소비자가 있다. A를 선호하는 소비자는 품질이 B쪽으로 이동해도 다른 대안이 없

....

4 또는 순수한 이타주의의 소산일 수도 있다. 이에 대해서는 다음을 참조하라. Otto A. Davis and Melvin Hinch, "A Mathematical Model of Policy Formulation in a Democratic Society", in J. L. Bernd, ed., *Mathematical Applications in Political Science*, Ⅱ, Dallas: Arnold Foundation, 1966, pp. 175~208. 이 논문에서 저자들은 '자비로운 독재자'가 어떻게 시민들의 '효용손실함수(즉 독재자가 추구하는 정책에 대한 시민들의 불만)'를 최소화하는지를 논의하면서 이 책의 결과와 유사한 결과를 내놓고 있다.

지만 B를 선호하는 소비자는 수요 탄력성이 매우 높아서 품질이 A쪽으로 이동하면 급격히 이 기업을 버린다고 가정해보자. 이 경우 단순하게 이윤 극대화를 추구하는 기업은 품질 척도상 B점에서 생산하겠지만 불만 최소화를 추구하는 기업은 A점에서 생산할 것이다. A를 선호하는 소비자는 A점에서 행복하겠지만 B를 선호하는 소비자는 모두 다른 곳에서 거래 상대를 찾을 것이다. B를 선호하는 소비자는 자신을 실망시킨 회사에 대해 심기가 불편하겠지만 그동안 이 회사에 행사했던 영향력을 떨쳐버리고 이탈이라는 방법을 통해 떠나간다. 어떤 경우에도 이들은 쉽게 대안을 찾을 수 있으므로 이들의 행복이 크게 감소하지는 않는다. 반대로 기업이 B점에서 생산을 한다면 A를 선호하는 소비자는 떠나지는 않겠지만 심각하게 목소리를 높여 불만을 토로할 것이다. 이 상황에서 고객의 목소리에 매우 민감한 기업은 품질 척도상 최대 이윤이 가능한 지점으로부터 어느 정도 후퇴할 것이다. 따라서 유의할 점은 다음과 같다. 기업이 이윤 극대화 지점에서 생산하는 것 때문에 불만을 품은 고객들이 '갈 곳이 없는' 경우 기업은 최대 이윤점에서 벗어날 확률이 특히 높다. 이 결과는 '막강한 소비자'라는 전통적인 개념과 상반되거나 적어도 이를 수정하는 것이다. 전통적인 개넘에 따르면 소비자의 힘이란 소비자가 다른 기업을 선택함으로써 소비자의 취향에 관심을 기울이지 않는 기업을 '벌할 수' 있다는 사실에 근거하는 것으로 알려져 있다. 그러나 이제 다른 종류의 소비자의 힘에 대해서도 알게 되었다. 그 새로운 힘은 다른 곳에서 거래 상대를 찾을 수 없기 때문에 기업이 자신의 욕구와 취향에 관심을 기울이도록 유혹하고 협박하고 유도하는 소비자들로부터 나온다.[5]

앞의 논의는 유구한 역사와 전통에 빛나는 경제학과 정치학의 주제들과 직접적으로 연관된다. 40여 년 전 해럴드 호텔링은 복점 複占(두 기업이 경쟁적으로 동일한 상품을 공급하는 시장 형태 - 옮긴이), 위치 선정 이론, 그리고 양당체제의 역학이라는 다양한 분야에서 선구자 역할을 해온 유명한 글[6]을 발표했다. 후대의 연구자들은 그의 주장을 정교하게 발전시켜 검증했지만 그의 주장을 직접 반박하는 일은 없었다. 호텔링의 기본적인 발상은 아주 짧게 요약된다. 이 모델을 정치 현상에 응용하여 투표자가 A에서부터 B까지, 아니면 정치적 좌파에서부터 우파에 이르기까지 한정된 선형 척도상에 균등하게 분포되어 있다고 가정해보자. 또한 애초에 두 기업 혹은 두 정당이 이 선형 영역을 반으로 나눈 두 영역의 중간 지

----

5 모든 소비자가 품질이 떨어졌다고 느끼는 경우를 품질 변화로 정의한다면 이탈과 항의의 두 방식은 모두 기업을 같은 방향으로 강요하는 것이었다. 기업이 방향을 바꾸어 품질이 다시 올라간다면 이는 당연히 이탈과 항의의 '합작품'이다. 그러므로 두 가지 방법 중 어느 것이 얼마나 영향을 미쳤는지를 구분해서 평가하기는 쉽지 않다. 만일 품질 변화가 어떤 소비자에게는 품질 개선으로, 어떤 소비자에게는 품질 저하로 받아들여진다면 두 가지 방법의 상대적 힘을 쉽게 검증할 수 있다. 왜냐하면 방금 설명한 것처럼 서로 반대되는 방향으로 힘이 작동하기 때문이다. 이 주제는 이 장의 뒷부분에서 다시 언

점에 위치한다고 가정해보자. 사회적인 관점에서는 이 지점에서 고객들이 운송 비용을 최소화할 수 있으므로 가장 이상적인 배치다. 왜냐하면 양 정당이 선형 척도상의 4등분 점에 위치하면 유권자와 정당의 이념적 거리(즉 정당의 정강 정책에 대한 유권자의 불만)가 최소화되기 때문이다. 이제 두 기업 혹은 정당 가운데 하나, 예를 들면 왼쪽에 위치한 하나가 추가비용 없이 위치를 바꿀 수 있는 반면 다른 하나는 묶여 있다고 가정하자. 이윤을 극대화하려는 기업이나 유권자의 표를 가장 많이 얻으려는 정당은 이런 상황에서는 오른쪽으로 움직일 가능성이 크다. 왜냐하면 위치 변동이 가능한 기업이 묶여 있는 기업의 왼쪽에 존재한다면 가장 왼쪽에 위치한 고객이나 유권자는 확고하게 붙들어두는 동시에 척도상의 영역을 넓혀가면서 오른쪽에 위치한 기업이나 정당으로부터 새 고객이나 유권자를 낚아챌 수 있기 때문이다. 이는 다음과 같은 두 가지 중요한 결론으로 이어진다.

(1) 복점의 상황을 가정한다면 두 기업은 척도상 중간점으로 이동하는 경향이 있을 것이다.
(2) 이렇게 이윤 혹은 유권자를 극대화하는 행위는 사회적으로

급할 것이다.

6 Harold Hotelling, "Stability in Competition", *Economic Journal*, no. 39, 1929, pp. 41~57.

바람직하지 못한 결과를 가져올 것이다. 왜냐하면 기업이 4등분 점에 묶여 있을 때보다 (소비자가 감당해야 할 운송 비용을 포함한다면) 소비자가 더 높은 총비용을 부담해야 하기 때문이다. 비슷한 이유로 양당체제에서 두 정당이 점점 가까워지겠지만 이는 사회적으로는 바람직하지 못하다고 주장할 수 있다.[7]

이 정교한 모형은 (특히 정치학자들 사이에서) 실제 사건을 제대로 예측하지 못했다. 이는 어떤 모델이 아무리 잘못된 것일지라도 그 오류는 경험적 사실에 근거해서 밝힐 수는 없고 오직 대안 모형으로만 밝힐 수 있다는 스트리튼-쿤 원리의 좋은 예가 된다.[8] 그렇다고 이 모델이 전혀 수정되지 않았던 것은 아니다. 대공황과 뉴딜

---

7 한 가지 중요한 차이가 있다. 두 정당 간의 정치적인 경쟁이 끝난 뒤 승리한 정당은 정부를 장악하지만 복점의 경우 두 기업은 서로 영원히 시장을 공유한다. 그러므로 정당들은 4등분 점에 위치하여 정당의 입장이나 정책에 대한 대중의 불만을 최소화하겠지만 정당 간 투쟁의 산물인 정부의 입장과 대중의 불만에 대해서는 그렇게 할 수 없다. 그러나 양당체제가 무의미한 선택을 버리고, 위험성은 있지만 의미 있는 선택을 한 것이라고 주장할 수는 있다. 달리 표현하면, 일반 시민의 입장에서는 자신이 가깝게 느끼는 정당이 지극히 싫은 정당을 물리칠 기회가 있는 상황은, 자신이 싫어하지도 좋아하지도 않는 중간 위치의 정당이 권력을 잡는 것보다 낫다. 이것이 바로 데이비스와 힌치가 간과한 점이다. 이들은 두 후보자가 4등분 점에 위치할 것이라고 판단했고, 그 근거로 각 정당의 당원들만 참여하여 후보자를 선출하는 후보자 임명 과정을 들고 있다. 미국 민주주의 제도에서 이 주장은 지극히 현실적이다. 또한 이 결과는 공동체의 입장이라는 큰 시각에서 보아도 꼭 이의를 제기할 만한 사안은 아니다. 한편 데이비스-힌치 모델이 보여주듯이, '자비로운 독재자'가 추구하는 가상적 정책을 만드는 것이 최적의 해결책 중 하나로 제시될 수도 있다. 이 장의 주 4를 참조하라.

8 폴 스트리튼Paul Streeten은 필자에게 보낸 편지에서 이 금언을 만들었고 그 발상은 토머스 쿤의 저서 『과학혁명의 구조The Structure of Scientific Revolutions』(Chicago: University of Chicago Press, 1962)에서 매우 설득력 있게 발전되었다.

9 Hotelling, *op. cit.*, p. 56.

의 여파로 민주당과 공화당이 이념적으로 더욱 멀어지자 이 사건들을 모델과 일치시키기 위한 시도가 있었다. 이런 새로운 시도는 모델의 결과물들이 (이미 호텔링이 지적했듯이)[9] 선형 시장의 전 과정에서 수요 탄력성이 0이라는 가정에 결정적으로 의존하고 있다는 사실에 착안한 것이었다. 이 가정에 따르면 소비자는 가장 가까운 상점에서 ('가장 가깝다'는 것이 실제로 얼마나 가까운지에 상관없이) 계속 물건을 구매하고 마찬가지로 시민들은 계속 그들과 가까운 정당에 투표한다. 반면 수요가 탄력적이면 기업이나 정당은 척도의 중간점으로 옮겨감에 따라 자신의 영역 끝부분에 위치한 고객을 잃게 되고, 그 결과 원래 모델이 주장했던 것처럼 사회적으로 바람직하지 못한 뭉침 현상이 일어나는 것은 막을 수 있게 된다.[10]

1950년대에 졸린 듯 평온했던 아이젠하워 시대가 오고 조금 이른 감이 있었지만 저명한 학자들이 이데올로기 시대의 종언을 고하자 사실의 시계추가 다시 뒤로 되돌려졌다. 이러한 분위기에서 호텔링 모델이 다시 한 번 재론되었다. 앤서니 다운스는 유명한 글에서 좌우 이데올로기 척도상에 유권자가 균등하게 분포하고 있다는 호텔링의 가정에 의문을 제기했다.[11] 만약 이데올로기 척도

10 Arthur Smithies, "Optimum Location in Spatial Competition"(*Journal of Political Economy*, no. 49, 1941, pp. 423~439)과 A. P. Lerner and H. W. Singer, "Some Notes on Duopoly and Spatial Competition"(*Journal of Political Economy*, no. 45, 1939, pp. 145~186)에서는 각각 선형 시장 전 과정에서 수요가 탄력적인 것으로 가정했거나 혹은 일정한 수송 범주를 벗어나면 양陽의 탄력성을 갖는 것으로 상정했다. 특히 스미시스는 호텔링의 모델을 수정하여 (호텔링이 논문을 썼던 1920년대 후반 이데올로기적 대립의 완화와는 반대로) 1930년 민주당과 공화당의 이데올로기적 입장이 강화된 것을 설명하고자 했다.

11 Anthony Downs, *An Economic Theory of Democracy*, New York: Harper and Brothers, 1956, ch. 8.

상 유권자의 빈도분포가 중간 지점에서 최고조에 달하고 양끝으로 갈수록 조금씩 약해진다면 호텔링 모델이 상정했던 수렴화 경향이 다시 입증되는 것이다(하나 주의할 점은 척도상 균등 분포 시에 상정했던 사회적 손실이 이러한 경향에서는 나타나지 않는다는 점이다). 그러므로 다운스는 수요가 탄력적이라는 가정에 의문을 던진 것이 아니라(이와 반대로 실제로 다운스는 수요가 탄력적이라는 가정을 흔쾌히 받아들였다) 유권자가 좌에서 우에 이르기까지 '정상적인' 빈도분포를 가졌다는 가정이 수요가 탄력적이라는 가정과 균형을 이루게 함으로써 호텔링의 이론을 부활시켰던 것이다.[12]

호텔링 모델이 다운스에 의해 다시 빛을 발하자마자 예상치 못했던 역사의 움직임으로 이 모델의 현실적인 설득력이 다시 의심받게 되었다. 공화당은 1964년 선거에서 골드워터Barry Goldwater를, 그리고 1968년에는 닉슨Richard Nixon을 대통령 후보로 선택했다. 이는 적어도 한 정당이 호텔링-다운스 모델을 정면으로 반박하는 사례였다. 당시에는 일반적으로 민주당과 공화당이 주요 쟁점에서 상당히 일관되게 상반된 입장을 견지한다는 증거가 계속 늘고 있었다.[13]

1930년대에 도입된 탄력적 수요의 개념보다는 항의 개념을 통

---

12 다운스는 많은 지면을 할애하여 양당체제와 다당체제 빈도분포 유형의 결과가 어떠했는지를 조사하고 있다. 그러나 양당체제 논의에 있어, 다운스는 수렴 경향성과 정당 입장의 모호함을 강조하여 기본적으로는 원래의 호텔링 모델의 주장을 강화시켰다.

13 S. M. Lipset, *Revolution and Counter-Revolution: Change and Resistance in Social Structures*, New York: Basic Books, 1968, p. 398. 이외에 이 저서에 인용된 문헌들(주 27)을 참조하라.

해 호텔링 모델은 더욱 근본적으로 수정된다. 수요가 비탄력적이라는 호텔링의 본래 가정은 기본적 재화를 판매하는 복점 상황과 잘 갖추어진 양당체제의 상황에서는 완벽하게 현실적이다. 잘못되거나 비현실적인 가정은 이것이 아니라 '갈 곳이 없는' '붙잡혀 있는' 고객(혹은 유권자)은 무기력의 전형典型이라는 것이다. 이들은 다른 기업이나 정당으로 옮겨갈 수 없기 때문에 기업이나 정당이 성과를 내도록 압력을 행사한다. 그러나 바로 이 사실 때문에 이들에게는 이탈 가능한 고객(유권자)과 달리 자신이 매우 혐오하는 일을 시도하는 기업(정당)을 저지할 최대한의 동기가 있다. 이와 같은 이유에서 비탄력적 수요를 탄력적 수요로 대체하는 것을 통해서가 아니라 선형 시장의 양극단에 있는 비탄력적 수요가 항의를 통해 상당한 영향력을 발휘할 수 있다는 점에서 호텔링의 수렴 현상을 논박할 수 있다.

이미 요약한 것처럼 항의는 기업이나 정당이 추구하는 이윤이나 득표라는 목표를 소비자나 유권자의 불만 해소와 어느 정도 조화롭게 조율한다. 이러한 관계는 이후 제품의 판매나 유권자 획득의 전망이 불투명하다는 점을 고려해서 그 경향성이 더욱 높아질 것이다. 달리 말하면 제시된 정강이나 정책이 '어중간해서' 불만이 쌓인 당원들이 정당을 포위해버리면 정당은 당원들의 불만에 굴복하게 된다. 불만의 목소리는 구체적이고 현실적으로 다가오는 반면 어중간한 정강이나 정책에 따르는 편익은 상당 부분 불분명한 추측에 기인하기 때문이다.

어떤 조건이 주어졌을 때 항의 방식을 채택해야 하는지에 대해서 이미 2장에서 논의했다. 이번 장의 논의와 연관 짓자면 2장의 논의는 다음과 같이 정리하는 것이 좋겠다. 항의 방식이 제대로 작동하려면 개인이 정치적 영향력을 보유하고 있다가 충분히 자극받았을 때 이를 행사할 수 있어야 한다. 일반적으로 이 주장이 맞다는 것은 널리 알려진 사실이다. 로버트 달은 "공동체의 거의 모든 시민은 사용하지 않는 정치적 자원에 접근이 가능했다"고 말하고 있다.[14]

분명 수렴 현상이 초래할 사회적 손실에 대한 호텔링의 우려는 기우였다. 정당의 어중간한 입장으로 심기가 불편한 사람들은 시장 외적 영역이지만 가역적인 메커니즘을 통해 정당에 영향력을 행사할 수 있었다. 반면에 항의 방식으로는 다소 문제가 있는 지점(호텔링이 다룬 위치 선정 문제를 근거로 유추하면 정당과 당원들 간의 거리 합이 최소화되는 지점으로 정의된다)인 '사회적 최적' 상태로 정

....

14 Robert Dahl, *Who Governs?*, New Haven: Yale University Press, 1961, p. 309.

당을 돌려보낼 수 있다고 장담할 수는 없다. 더 이상 갈 곳이 없는 사람들의 영향력은 정당이 그 지점을 지나치게 함으로써 득표 활동에 재난을 초래할 수 있다. 이것이 바로 1964년 대통령 후보로 골드워터를 지명한 공화당에서 일어났던 일의 본질이다.

골드워터를 지명함으로써 호텔링-다운스 이론의 예측이 빗나간 것만큼이나 잔인하게 어떤 가설이 반박당한 예를 찾기는 힘들다. 이런 일을 겪었음에도 호텔링-다운스 이론에 대놓고 의문을 제기하는 사람은 없었다. 세 명의 정치학자가 면밀하고 날카로운 분석을 통해 공화당이 최대의 유권자를 획득할 전략을 선택하지 못한 이유를 연구했다.[15] 그들은 공화당 우파에 초점을 맞췄다. 그리고 공화당 우파가 공화당 중도파보다 훨씬 활동적이라는 사실에 주목함으로써 올바른 답에 접근할 수 있었다. 열정적으로 공직자, 신문사, 잡지사에 편지를 보내는 행위를 연구했고 실제로 '더 이상 갈 곳이 없는' 공화당 우파가 이러한 활동에 훨씬 열심이었다는 사실이 관찰되었다. 그러나 저자들은 이 흥미로운 데이터를 이용해 주로 공화당과 그 후보자가 선거의 승리에 대해 어떤 그릇된 인식을 하게 되었는지를 설명했기 때문에 다음과 같은 훨씬 중요한 결론을 도출하지 못했다. 즉 양당체제에서 정당은 꼭 호텔링-다운

....

15 P. E. Converse, A. R. Clausen, and W. E. Miller, "Election Myths and Reality: The 1964 Election", *American Political Science Review*, no. 59, June 1965, pp. 321~336.

스의 득표 최대화 모델에 따라 행동하지는 않을 것이다. 왜냐하면 '더 이상 갈 곳이 없는 사람들'은 무기력한 것이 아니라 영향력을 발휘할 수 있기 때문이다.[16]

양당체제에서 더 이상 갈 곳이 없는 사람들이 발휘하는 힘은 1968년 민주당의 패배에서 또 다른 양상으로 조명을 받았다. 무관심한 유권자를 동원하고 부동표를 얻으려면 양당의 활동 당원들이나 자원봉사자들이 열심히 활동해주어야 했다. 활동가들은 중도파와는 거리가 멀었기 때문에 정당이 지나치게 중간 입장을 취하면 열의가 식을 것이다. 그러므로 중간 입장의 정강으로 유권자의 표를 얻으려다가는 역효과가 날 수 있다. 그런 정강은 투표에서 정당의 운명을 떠받치기는커녕 오히려 해를 끼칠 것이다. 이에 따라 더 이상 갈 곳이 없는 사람들의 항의는 실제로 정당이 점점 중도화함으로써 얻는 이익이 점차 감소하다가 어느 시점부터 손해를 보게 만들어서 사실상 '시장의 원리'를 통해 작동한다. 이 상황은 마치 선형 시장의 끝에 있는 사람들이 중간 지점의 사람들에게 기업의 제품을 선전하는 양상과 같다. 즉 기업이 점점 이들로부터 멀어질수록 이 제품을 광고하려는 이들의 의욕은 자연스럽게 줄어들 것이다.

이런 구도에서는 전통적 분석을 이용해도 별 어려움이 없이

---

16 이들의 논문 끝에 이와 비슷한 견해가 보이기는 한다. "근본적으로 공화당 극우 진영에 기초한 집중적인 정치적 동원은 공화당 전당대회의 대표단이 공화당 평당원이나 일상에서 볼 수 있는 지도력과는 너무나도 달랐다. 이것이 잘못된 결론이 도출된 요체였다." 그러나 이 언급을 제외한다면 논문은 전반적으로 공화당의 잘못된 인식을 강조하고 있을 뿐, 공화당이 호텔링-다운스 모델을 따를 것이라고 예견한 사람들의 오판을 강조하고 있지는 않다.

호텔링-다운스 모델의 약점을 알 수 있다. 이미 언급한 것처럼 같은 이치로 이 모델의 약점이 드러난다. 적대감이 늘면서 매우 분노하게 되면 당에 항상 소속되어 있을 것으로 여겨졌던 당원들이 선거 과정에서 '빠져나가거나' 혹은 탈당하여 허황될지 모를 그들만의 선거운동을 개시할 수도 있다. 결국에는 양극단의 수요가 완벽히 비탄력적이라기보다는 탄력적인 것으로 드러날 것이고, 전통적인 개념으로도 현상을 설명하기에 충분할 것이다.[17] 그러나 이제 문제의 핵심을 날카롭게 지적해보자. 정당이 너무 중간의 입장으로 옮겨가서 극단에 위치한 힘없는 유권자들이 실제로 정당의 득표에 손실을 입히는 상황은 '더 이상 갈 곳이 없는' 사람들이 가질 수 있는 일반적 영향력과 그 힘의 특별한 형태일 뿐이다. 바꿔 말하면 정당의 득표(혹은 기업의 이윤)에 직접적 혹은 상당한 효과가 없어도 그런 힘이 존재하고 그런 영향력을 발휘할 수 있다. 고객, 유권자 그리고 당원이 기업 혹은 정당에 불만을 터뜨려서 경영진을 불편하게 만드는 방법은 매우 다양하다. 이들 방법 가운데 (가장 중요한 방법일 필요는 없지만) 단지 몇 가지 방법만이 판매고나 득표 손실로 귀결될 것이다.[18]

....

17 이 장의 주 10에서 인용한 러너, 싱어, 스미시스의 논문과 일맥상통하게 다운스는 '정당의 영향력 유형' 혹은 '협박 정당'에 대해 언급하고 있다(*Economic Theory of Democracy*, pp. 131~132). 기권에 관한 최근 연구에 따르면 투표율에 주로 영향을 미치는 것은 각 후보자의 공약이나 후보자로부터의 거리감이라기보다는 얼마나 투표자 등록을 수월하게 할 수 있는지 여부이다. Stanley Kelley, Jr., R. E. Ayres and W. G. Bowen, "Registration and Voting: Putting First Things First", *American Political Science Review*, no. 61, June 1967, pp. 359~379.

18 '부록 A'의 마지막 문단을 참조하라.

지금까지의 논의를 보면 한 가지 추론이 더 있을 수 있다. 서로 상이한 조직은 항의 방식과 이탈 방식에 서로 달리 반응한다. 따라서 항의 방식과 이탈 방식의 최적 조합은 조직의 종류에 따라 다르다. 예를 들어 재정 손실로 적자가 나도 국가에 기댈 수 있음을 잘 아는 국영기업은 적어도 어느 지점까지는 이탈 방식보다는 (소비자가 상급 기관에 경영진 교체를 탄원하는 등의) 항의 방식에 더 예민하게 반응할 것이다. 소비자의 반응을 유발하는 품질 변화가 어떤 소비자에게는 품질 저하로 받아들여지는 반면 다른 소비자에게는 품질 개선으로 받아들여지는 경우 조직마다 다른 반응을 보이는 것은 매우 흥미로운 결과다. 이에 더해 다음과 같이 가정해보자. 품질이 어느 한 방향으로 변했을 경우 (분노하면서도 옮겨갈 다른 제품이 있는 소비자가 있기 때문에) 어떤 조직은 주로 이탈 방식에 노출되는 반면 또 다른 조직은 분노하지만 '붙잡혀 있는' 소비자가 있기 때문에 항의 방식에 직면하게 된다고 가정하자. 그렇다면 이 조직이 '품질을 선택하는 경로'를 예견해볼 수 있다. 무작위적인 사건이 발생해서 조직 성과에서 자그마한 질적 변화가 지속된다고 하자. 만일 조직이 이탈 방식보다 항의 방식에 더 잘 반응한다면 '붙잡혀 있는' 소비자들이 혐오하는 정상 품질로부터의 일탈을 바로잡기 쉬울 것이다. 반면 붙잡혀 있지 않기 때문에 이탈 경향성이 높은 소비자들의 이탈로 이어지는 질적 일탈은 상당 기간 바로잡기가 쉽지 않을 것이다.

이런 상황이 현실에서 크게 벗어나지 않는 것이라면 정치적 운동이 급진화하는 근거를 찾아낼 수 있다. 정치적 운동의 일상적 정책들은 (특히 이러한 정치적 운동이 권력을 잡고 있지 못할 경우에는) 일반 회원(혹은 유권자) 모두를 대상으로 해서 그들의 지지를 잃으면 어쩌나 하는 우려보다는 눈앞에 보이는 활동적 운동가들에 의해 더 많은 영향을 받는다. 그러므로 조직이 중간 지점으로 옮겨가면 다른 급진적 변화가 있을 때보다 붙잡혀 있는 회원들이 격렬하게 저항할 것이다. 비록 후자(즉 급진적 변화)가 붙잡혀 있지 않은 다른 회원이나 유권자의 이탈로 이어지더라도 말이다. 이 모델에서 예상되는 정치적 급진화 경향은 선거 주기가 길수록 더욱 강력하다. 왜냐하면 선거를 고려하여 붙잡혀 있는 정당 활동가들이 어느 정도 억지력을 발휘할 것이기 때문이다. 그러나 이 모든 것이 그리 간단하지만은 않다. 조직에 대한 **충성심**을 고려해야 하기 때문이다.

7장

**충성심의
이론**

—

이제 '이탈'과 '항의'의 선택과 조합을 지나 이들 사이에서 독특한 기능을 하고 있는 '충성심'을 살펴볼 차례다. 일반적으로 충성심은 고객이나 구성원의 이탈을 막고 항의를 활성화시킨다. 즉 기업이나 조직이 퇴보해갈 때 충성심은 고객이나 구성원이 썰물처럼 한꺼번에 빠져나가지 않게 막아주면서 항의를 통해 원상회복을 도모하는 기반이 되어주는 것이다.

그러나 충성심이 항상 이런 행운만을 가져다주지는 않는다. 과도한 충성심은 지나치게 이탈을 무시하거나 항의를 억압할 수 있다. 또한 공공재의 경우에는 설령 이탈한다 할지라도 그 공공재의 외부 효과를 계속 누릴 수밖에 없다. 결과적으로는 완벽한 이탈이 불가능한 것이다. 이번 장에서는 이러한 충성심의 다양한 스펙트럼들을 점검해본다.

■

앞의 장들에서 지적했듯 이탈 방식을 고려할 수 있는 경우에는 광범위하게 효과적으로 항의 방식을 택할 확률이 급격히 낮아진다. 이탈을 선택하면 항의를 할 수 없다. 바꿔 말하면 항의 방식은 이탈의 가능성이 사실상 배제된 경우에만 중요한 역할을 하는 것이다. 실제로 상당수의 조직에서 항의와 이탈 중 한 가지 방식이 압도적이었다. 즉 한편으로는 항의 방식에 거의 기대지 않고 대부분 이탈 방식에 의지하는 경쟁기업 체제가 있지만, 가족, 부족, 교회 그리고 국가와 같은 기초적 관계의 인간 집단에서는 이탈을 일상적으로 생각하기 힘들다(물론 아주 불가능한 것은 아니다). 이들 조직에서 각 고성원들의 마음에 들지 않는 방향으로 일이 진행된다면, 불만을 표시하는 가장 주된 방법은 다양한 방식으로 조직에 항

의의 목소리를 높이는 것이다.[1]

여담이지만 주목해야 할 것이 있다. 이런 조직들에서는 이탈이 불가능하거나 생각하기조차 쉽지 않으므로 항상 특정 상황에서 개별 구성원을 추방하는 규정이 있다. 조직 내에서 구성원들이 항의 방식에 호소하려고 할 때 '관리자'는 이를 막기 위해 추방을 선택할 수 있다. 이 경우 상위 관리자는 추방을 금지하여 하위 관리자의 권한을 제한할 수 있다. 그것은 공공 서비스가 독점적으로 공급되는 상황에서 소비자를 보호하는 것과 같은 이치다. 그러나 경쟁시장에서의 기업과 고객 관계처럼 이탈의 폭은 넓고 항의 방식은 거의 존재하지 않을 경우 추방은 별 의미가 없다. 조직 내에서 이탈과 항의 방식이 모두 중요한 역할을 하는 경우는 드물다. 이를 알아보기 위해서는 이탈과 추방이 모두 가능한 집단을 살펴봐야 한다. 일반적으로 정당이나 자발적 결사체가 가장 좋은 예다.

충성심, 항의를 활성화하다

이탈과 항의가 동시에 가능한 우호적인 조건들을 더욱 잘 이해

---

1 이탈 방식의 결여가 곧 '원시성'을 뜻하는 것은 아니다. 에드먼드 리치Edmund Leach는 원시 부족이 결코 폐쇄된 사회가 아니라고 지적한다. 그는 자신의 고전적인 저작 『버마 고산지대의 정치 체계*Political Systems of Highland Burma*』(London: George Bell, 1954)에서 '검샤 gumsha'라는 한 사회 시스템의 일원이 정기적으로 다른 사회 시스템인 '검라오gumlao'와 소통하는 방식을 세밀하게 추적하고 있다. 이탈 방식은 오히려 리치가 연구한 이들 부족들보다는 이른바 선진국에서 더 효과적으로 배제되는 것이 아닌가 싶다.

하기 위해서는 **충성심**이라는 개념부터 소개해야 한다. 분명 충성심이 있다면 이탈의 경향이 줄어들겠지만 이것이 마찬가지로 항의의 범주도 늘린다고 말할 수 있을까?

앞서 항의에 대해 논의한 결과 이 질문에는 긍정적인 답변이 가능하다. 3장에서는 이탈이 가능한 상황에서도 항의 방식에 호소하게 하는 두 가지 주요 요인을 제시했다.

(1) 고객/구성원이 이탈로 얻을 확실한 보상을 마다한 채 품질이 떨어지는 제품의 개선 가능성을 믿고 이 가능성을 이탈의 확실성과 맞바꾸려는 의지가 있는지 여부.

(2) 고객/구성원이 조직에 행사할 수 있다고 생각하는 영향력이 있는지 여부.

첫 번째 요소는 흔히 충성심이라고 알려진, 조직에 대한 특별한 집착과 분명히 연관된다. 그리하여 자신의 영향력이 대단치 않을지라도 충성심의 정도에 따라 항의 방식을 택할 확률이 높아진다. 게다가 첫 번째와 두 번째 요소는 서로 밀접하게 관련된다. 어떤 제품이나 조직에 상당한 집착을 보이는 고객이나 구성원은 대개 자신이 이 조직에서 영향력을 발휘할 방안을 찾는다. 특히 조직이 잘못된 방향으로 나아간다고 생각할 때 더욱 그렇다. 반대로 조직에서 상당한 권력을 행사하고 있는 (또는 행사한다고 생각하고 있는) 구성원, 아울러 그 연장선상에서 조직을 '원래 궤도로 되돌려놓을 수' 있다고 믿는 구성원은 자신이 권력을 가진 이 조직에 강력한 애착을 갖게 된다.[2]

그러므로 일반적으로 충성심은 이탈 방식을 궁지에 몰아넣고 항의 방식을 활성화시킨다. 물론 조직이 마음에 안 드는 방향으로 나아갈 경우 자신에게 아무런 영향력이 없어도 충성스럽게 남아 있을 수 있다. 하지만 그 누구도 행동에 나서지 않거나 혹은 어떤 일이 일어나서 그 상황을 개선시킬 수 없겠다고 예상될 때는 충성스럽게 남아 있기가 쉽지 않다. '옳으나 그르나 내 조국'이라는 충성심의 패러다임은 '내 조국'이 계속 나쁜 일만 행하면 분명 말이 안 된다. 이 말에는 '내 조국'이 좀 잘못 나가더라도 결국에는 다시 올바른 방향으로 나아갈 것이라는 기대가 함축되어 있다. 미국의 해군 장교인 디케이터 Stephen Decatur 가 말한 "나의 조국! 외국과의 거래에서 언제나 옳은 길로 가기를!"이라는 건배사도 이런 의미였다. 실제로 소유격인 '나의'에 영향력의 행사 가능성이 교묘하

....

2 '부록 B'의 〈도표 3〉에 따르면 어떤 사람의 영향력(즉 품질을 완전히 회복할 가능성)이 V_3점만큼 높게 올바로 나타날 경우 이 사람은 기존의 제품이 품질을 회복할 수 있다는 작은 희망만 있어도 경쟁 상품을 택하지 않을 것이다. 반면 영향력이 별로 없는 사람들은 굳이 이런 거래 관계를 택하지 않을 것이다. 영향력 없는 사람이 이탈 대신 항의 방식을 택하려면 경쟁 상품의 가용성과 기존 상품의 원상회복 가능성이 동등해야 한다.

게 암시되어 있다. 충성심의 경우 장기적으로는 올바른 방향으로 나아가는 것이 나쁜 방향으로 나아가는 것을 바로잡고도 남을 것이라는 영향력의 암시나 예견이 있는 반면 (종교적) 신념은 그렇지 못하다는 차이가 있다. 아브라함이 이삭을 제단에 바친 행위를 어떻게 볼 것인가에 대한 키르케고르의 유명한 해석처럼, 충성스러운 행위는 순수한 (종교적) 신념에 비해 수많은 합리적 계산을 내포하고 있다.

충성심은 언제 쓸모 있는가

우리의 관점에서 충성심은 품질 변화에 민감한 고객이나 회원이 가장 먼저 이탈하려는 경향성을 일정 범위 내에서 무력화시킨다는 점에서 중요하다. 4장에서 살펴보았듯 이러한 경향성이 나타나는 경우 어려운 상황에 처한 기업이나 조직을 떠나는 것은 가장 유능한 사람들이다. 다시 말해 이 기업 혹은 조직이 단점과 어려움을 헤쳐 나가도록 도울 능력이 있는 사람들이다. 충성심의 결과로 이처럼 가장 영향력 있는 잠재적인 고객이나 회원은 '안으로부터'의 개선이나 개혁이 가능하다는 희망에서, 아니 그보다는 합리적인 기대감에서 일반적인 예상보다는 좀더 오래 조직에 남아 있을 것이다. 따라서 충성심은 비합리적이기는커녕 이탈에 아무런 장애물이 없으면 (유능한 인재가 먼저 떠나감으로 인해) 종종 발생하는 잇단 성과 하락을 방지하여 사회적으로 유용한 목적을 달성하게 한다.

방금 설명했듯 이탈을 억제하는 충성심이라는 장애물은 그 높이에 한계가 있다는 점에서 보호관세와 같은 장벽에 비교된다. 유치산업 관세infant industry tariffs 가 국내 산업의 효율성 제고라는 명목으로 정당화되듯 충성심은 기업이나 조직을 비효율로부터 원상회복시키는 기회를 제공한다. 이탈에 대한 제도적인 장애물들이 정당화될 수 있는 이유는 이러한 제도가 (만약에 이탈 방식에만 맡겼다면 일찌감치 망했을) 지금은 쇠락하고 있지만 잘만 하면 복구 가능한 기업이나 조직에 항의 방식을 자극하는 기능을 하기 때문이다. 직접적으로 말은 하지 않지만 이혼 수속을 복잡하게 함으로써 시간, 돈, 인내심을 요구하는 것에도 실은 이러한 설명이 가장 타당할 것이다. 비슷한 예로 공장에서 유일한 공식 협상 대상자로서 하나의 노동조합이 다른 노동조합을 대신할 경우 미국 노동법은 시간이 많이 걸리는 상당히 복잡한 절차를 만들어놓고 있다. 결과적으로 노동자들은 어떤 노동조합에 불만을 가지더라도 다른 노동조합으로 재빨리 옮겨갈 수 없기 때문에 자신이 속한 노동조합을 재활성화하기 위해 더 많이 노력하게 된다.

지금껏 이탈과 항의의 양자택일적 성격에 관해 설명했으므로 이탈을 어렵게 만드는 제도적 장애물 또는 (제도가 없을 경우) 일반화된 비공식적 충성심이 바람직하게 '기능'할 조건이 무엇인지를 논의해보자. 이탈과 항의 가운데 하나를 선택해야 한다면 항의 방식이 불리하다는 것을 앞에서 살펴보았다. 항의가 이탈보다 효과가 적어서만은 아니다. 항의는 기업이나 조직에 영향력이나 압력을 행사할 새로운 방법을 찾을 수 있는가에 성공 여부가 달려 있기 때문이다. 사전에는 새로운 방법을 발견할 가능성이 매우 낮다고 생각하기 십상이다. 왜냐하면 창조적인 발상은 언제나 느닷없이 찾아오기 때문이다. 그렇게 충성심은 이탈 비용을 높여줌으로써 균형 회복을 돕는다. 이로써 충성심은 평소에는 뒷걸음질치면서 선택하지 않던 대안적이고 창조적인 일련의 행동을 취하게 함으로써 앞으로 해야 할 과업의 어려움을 과소평가하는 것과 유사한 기능을 한다. 나는 다른 연구에서 (과업의 어려움에 대한) 과소평가는 (이제까지 이야기한 것과 동일한 방식으로) 유익한 '숨어 있는 손'의 역할을 한다고 밝혔다.[3] 따라서 충성심 혹은 이탈을 억제하는 제도적인 장애는, 이탈할 수는 있지만 이탈이 반드시 효과적인 대안이 아닌 반면 효과적으로 항의 방식을 사용하기 위해서는 상당한 사회적 창안이 요구되는 경우 특히 쓸모가 있다.

둘째로, 충성심은 밀접한 대체재가 있을 경우 쓸모가 있다. 두 경쟁 조직의 생산품이 가격이나 품질에서 상당한 격차를 보인다고 가정하자. 이 경우 두 제품 가운데 하나의 품질이 점진적으로 하락한다면 이탈이 주도적인 비율을 점하기 전에 항의 방식이 작동할 충분한 여유 공간이 있다. 그러므로 이 상황에서는 충성심이 필요하지 않다. 반면 조직들이 서로 밀접한 대체재 관계에 있는 탓에 한쪽의 성과가 조금이라도 하락할 경우 고객이나 구성원이 즉시 상대방에게 옮겨가는 형국이라면 충성심은 이탈을 억제하는 건설적인 역할을 한다.

이런 결론은 약간 예상 밖이다. 모순되게 표현하면 충성심은 가장 비합리적으로 보이는 순간 가장 쓸모가 있다. 다른 제품과 별 차이가 없어서 특별히 소속감을 느낄 필요가 없는 조직에 강력한 소속감을 느낄 때 충성심은 가장 쓸모가 있다. 이처럼 언뜻 보면 비합리적인 충성심은 클럽, 축구 팀, 정당 등에서 흔히 볼 수 있다.

....

3 Albert O. Hirschman, *Development Projects Observed*, Washington: Brookings Institution, 1967, ch. 1.

6장에서 주장했듯 양당체제 하의 정당들이 서로 가까워지면서 유사해지는 경향성(즉 수렴화 현상)은 예상보다 그리 크진 않지만, 경우에 따라서는 수렴화 현상이 강하게 나타나기도 한다. 정당에 대한 강한 충성심이 비합리적이고 어리석을수록 수렴화 현상은 강해진다. 이러한 상황에서야말로 충성심이 가장 쓸모 있다.

반면 조국에 대한 충성심은 없어도 살 수 있다. 왜냐하면 국가란 일반적으로 차별화가 잘된 제품이기 때문이다. '두뇌 유출'의 예에서 드러나듯, 통신의 발달과 근대화의 여파로 국가들이 서로 닮아가기 시작해야 비로소 조급하고 지나친 이탈의 위험성이 나타나기 시작한다. 바로 이 시점에 충성심이 유용해진다. 한편 역사, 문화, 언어를 공유하기 때문에 서로 닮은 나라가 여럿 있다. 이런 나라들은 충성심을 한층 더 강하게 요구한다. 5장에서 남미와 일본을 비교했듯 서로 확연하게 다른 나라들 사이에서는 충성심이 절실히 요구되지 않는다.

마지막으로 4장에서 고품질·고가격의 제품에 '손쉽게' 접근할 수 있을 경우 영향력 있는 고객들을 잃기 쉽다는 사실을 지적했다. 이를 고려한다면 비교의 관점에서 충성심의 필요성이 어떻게 나타날지에 대한 다른 결론에 도달할 수 있다. 만약 품질, 명성 등의 순서를 정해 여러 조직들을 단순 척도상에 배치할 수 있다면 상위 층에 속한 조직보다는 하위층에 밀집한 조직에 훨씬 많은 충성심 과 결집 이데올로기가 필요할 것이다. 이 주장을 뒷받침하는 증거 는 많다. 미국 사회의 여러 '뒤처진' 집단과 국제 사회의 제3세계 국가들이 여기 속한다. 이와 반대로 (다음 장에서 살펴보겠지만) 가 장 명성이 높은 조직들은 충성심이 낮아져야 이익을 얻을 것이다.

충성파는 언제 이탈하는가

충성심은 이탈과 항의 사이의 전투를 논할 때 반드시 필요한 개 념이다. 왜냐하면 구성원들은 충성심의 결과로 조직에 좀더 오래 묶여 있을 뿐만 아니라 바로 그 이유로 인해 충성심이 없었던 경 우에 비해 더욱 단단하게 마음을 먹고 철저하게 준비해 항의 방식 을 사용하기 때문이다. 또한 충성심은 이탈이라는 별로 충성스럽 지 못한 방식을 사용할 수도 있다는 가능성을 암시하기 때문에 중 요하다. 악이 없는 세계에는 선이 존재할 수 없는 것처럼 이탈이 불가능한 독점 상황이 기업, 조직, 정당에 대한 충성심과 공존한다는 것은 이치에 맞지 않는다. 충성심은 이탈을 지연시키는 동시에 이탈 가능성에 토대를 두고 있다. 심지어 가장 충성스러운 구성원마저도 이탈할 수 있다는 사실은 간혹 구성원과 조직의 대립에서 가장 중요한 협상력이 되어준다. 원상회복 메커니즘으로서 항의 방식의 성공률은 이탈의 위협이 뒷받침되어야 높아진다. 물론 이 위협은 공개적일 수도 있고, 관련자가 단지 상황을 보고 판단한 것일 수도 있다.

충성의 감정이 없는 상태에서 이탈을 하는 데는 대체재나 조직에 관한 정보 수집 비용을 제외한다면 기본적으로 비용이 들지 않는다. 충성심이 없다면 개인은 자신이 조직에 별다른 영향력을 발휘하지 못할 것이라고 생각하기 쉽다. 그러므로 이탈은 조용하게 결정되고 행동으로 나타날 것이다. 반면에 조직을 아끼는 충성파들은 조직으로부터의 후퇴나 조직의 변경이라는 고통스러운 결정에 굴복하기 전까지 모든 수단을 강구할 것이다.

이제 이탈과 항의의 관계는 더욱 복잡해졌다. 지금까지는 쉽게 이탈할 수 있으면 항의 방식에 호소하는 일은 줄어들 것이라고 주장했다. 그러나 이제 항의 방식의 **효과**는 이탈의 가능성 덕분에 강화되는 것으로 생각할 수 있다. 항의 메커니즘을 개발해서 사용하려는 의지는 이탈로 인해 줄어들지만, 항의 방식을 효과적으로 사용하는 능력은 이탈의 존재로 인해 강화된다. 다행히도 이런 모순은 해결하지 못할 정도는 아니다. 이 두 가지 명제는 모두 (1) 참여 방식에 호소하는 조건과 (2) 참여 방식이 효과적일 수 있는 조건을 명시한 것에 지나지 않는다. 이탈의 가능성은 있어야 하지만 조직이나 기업의 성과가 하락하자마자 택할 정도로 이탈이 너무 쉽거나 매력적이어서는 안 된다는 것이다.

이 명제가 옳다는 것은 정당들이 당원의 목소리에 반응하는 정도를 보면 알 수 있다. 다당제에서의 정당들도 그렇긴 하지만 전체주의적 일당체제의 정당들 역시 당원의 목소리에 반응을 보이지 않는다는 점에서 악명이 높다. 전체주의적 일당체제의 경우 어떤 지도자가 정당을 지배하더라도 이탈이나 항의 모두 불가능하다. 이는 지배자가 당을 완전히 통제한다는 뜻이다. 그러나 다당제의 경우 항의나 이탈 모두에 자유로우므로 의견이 맞지 않으면 당원들은 쉽게 다른 정당으로 옮겨야겠다는 유혹을 받는다. 그러므로 그들은 '안으로부터의 변화'를 위해 투쟁하지 않을 것이다. 이 연장선상에서 모든 정당을 비롯해 대규모 조직들이 단 하나의 예외도 없이 이기적인 소수 독재자에 의해 통치된다는 미헬스Robert

....

4 월저의 최근 논문은 이 주제와 관련해 상당히 중요한 지점을 시사하고 있다. 이 논문을 보면 서구 민주주의 국가에서 상위 정치체제는 엄격한 민주적 통제를 받는 반면 이들 국가의 기업들에는 이러한 통제가 전혀 없어 좋은 대조를 이룬다. 저자가 지적하듯 상업, 산업, 전문가, 교육, 종교 조직에서 항의 방식이 부재하거나 취약한 것을 "현재 있는 곳이 마음에 안 들면 구성원들이 떠나갈 수 있다"(397쪽)라는 명분으로 정당화하고 있지만 국가에 대해서는 이런 주장을 할 수 없다. 월저는 이러한 주장이 민주화 과정에서 결코 용인될 수 없는 서툰 변명에 지나지 않는다고 강조한다. 그러나 논리실증

Michels의 '과두제의 철칙Iron Law of Oligarchy'이 주로 대륙계 유럽 국가의 다당제를 직접 관찰한 경험에서 나왔다는 사실은 의미심장하다. 정당이 당원의 목소리에 잘 반응하게 하는 최선의 배열은 서로 거리는 멀지만 그렇다고 연결이 되지 않을 정도로 멀지는 않은 소수 정당제일 것이다. 이 상황에서는 이탈이 가능하지만 그렇다고 가벼운 마음으로 이탈을 결정할 수는 없다. 그러므로 일이 진행되는 과정이 마음에 들지 않으면 종종 항의 방식에 호소하게 되고 당원들은 자신의 항의가 효과를 내도록 투쟁하게 된다. 비록 진정한 민주주의와는 아주 거리가 멀지만 현재 양당체제 하의 정당들에서 특징적으로 나타나는 활발한 내부 투쟁을 보면 이러한 이론적 예측이 옳다는 사실을 알 수 있다. 심지어 전체주의 체제는 아니지만 거의 일당 지배나 다름없는 정당들에서조차(예를 들면 인도 의회당Congress Party of India이나 멕시코의 제도혁명당Partido Revolucionario Institucional) 항의 방식은 고도의 권위주의나 과두제 정당에서보다 훨씬 활발했다.[4]

양당체제에서의 이탈은 당원들이 다른 정당으로 옮겨가거나 제3의 정당을 출범시키는 것으로 나타난다. 그러므로 당원들이 항의 방식을 잘 활용하게 하려면 제3당의 설립이 너무 쉬워서는 안 된

주의 정치학의 관점에서 다음과 같은 점을 직시하는 것은 도움이 된다. 즉 이탈의 기회가 클수록 조직이 내부 민주주의의 도입을 거부, 회피, 지연하는 일이 더욱 쉬워질 것이며, 이러한 현상은 이 조직들이 민주적 환경에서 작동한다고 해도 마찬가지일 것이다. Michael Walzer, "Corporate Authority and Civil Disobedience", *Dissent*, September-October 1969, pp. 396~406.

다. 양당체제와 그 전통뿐만 아니라 제3당 설립을 가로막는 제도적 장애물들이 이 조건을 만족시키고 있다. 반면 항의 방식이 가장 효과적으로 발현되려면 이탈의 위협이 확실해야 한다. 특히 이탈의 위협이 가장 문제시될 경우에 그래야 한다.

미국 대통령 선거를 예로 들어 항의의 효과가 극대화되는 조건을 살펴보자. 이 조건을 만족시키기 위해서는 당원들이 후보자 지명 전당대회까지는 당에 남아 있어야 하지만 전당대회가 끝난 뒤부터 실제 선거일 사이에 제3당을 결성할 수 있어야 한다. 만약 전당대회 전까지 정당 요건을 갖출 것을 요구하여 이탈을 너무 어렵게 한다면 반대 그룹은 전당대회 전에 당을 떠나든가 아니면 효과적인 이탈 방식을 써먹지 못한 상태로 전당대회장에 가야 한다. 이탈의 조건을 너무 엄격하게 정하면 항의 방식을 강화시키지 못하고 오히려 지나치게 이른 시점에 이탈을 조장하거나 항의 방식의 효과를 경감시키게 된다. 알렉산더 비켈이 이 사실을 잘 지적하고 있다.

미국의 전형적인 제3당은 기존의 거대 정당에 영향력을 행사하려다가 실패하고 정당 밖에서 활동하기로 결심했던 일군의 사람들로 구성되어 있다. 미국에서는 정당으로서의 요건을 일찌감치 갖출 것을 요구하는 주州들이 있다. 이들 주에서는 정당 내의 반대 그룹들이 기존 거대 정당의 예비 선거나 기타 지명대회가 있기 전에, 즉 선거가 있는 해의 초기에 정치 활동을 포기하고 따로 분리하여 새로운 정당을 조직할 것을 강요하는 경향이 있다. 그러지 않으면 반대 그룹들은 그 후 제3당으로 활동할 기회를 모두 잃게 된다.[5]

아울러 저자는 이 경향이 양당제도의 관점에서는 역효과임을 지적하고 있다. 저자의 이러한 지적은 나의 주장과도 일치한다. 즉 항의와 이탈을 가장 효과적으로 조합해야만 정당이 당원들의 요구에 잘 반응하게 된다.

이상의 논의에서 두 가지 결론을 도출할 수 있다. (1) 제도적 구상의 미세한 차이가 이탈과 항의 방식의 균형에 지대한 영향을 끼칠 수 있으며, (2) 아울러 그 연장선상에서 형성된 균형을 통해 조직의 다양한 내부 민주화 정도를 설명할 수 있다.

....

5 Alexander M. Bickel, " Is Electoral Reform the Answer?", *Commentary*, December 1968, p. 51.

보이콧

보이콧은 이탈의 위협과 마찬가지로 이탈과 항의 방식의 경계에 위치한 또 다른 현상이다. 보이콧을 통해 이탈은 위협에 그치지 않고 실제로 완결된다. 그러나 보이콧은 보이콧 당하는 조직의 정책 변화라는 특별하고 명시적인 목적을 추구하므로 이탈과 항의라는 두 메커니즘의 진정한 혼합물이라고 할 수 있다. 왜냐하면 보이콧은 항의 방식의 도구로 사용되었던 이탈의 위협이 그와 정반대인 재진입 약속으로 교체된 것으로서 이 상황을 유발한 특정 조건들이 해결될 경우 당원이나 고객이 소속 집단으로 복귀할 것으로 여겨지기 때문이다.

보이콧은 적어도 보이콧을 실행하는 시기에는 해당 기업이나 조직으로부터 구매하던 재화나 용역을 대체할 공급원은 없지만 길지 않은 기간 동안 이 재화나 용역 없이 지낼 수 있는 고객들의 무기로 사용된다. 따라서 이는 다른 조직으로의 진입을 동반하지 않는 일시적인 이탈이며, 파업의 경우와 마찬가지로 양측 모두에게 희생이 크다. 이 점에서 보이콧은 기업이나 조직에 손실을 유발하는 이탈의 특징 및 고객의 시간적, 금전적 비용을 요구하는 항의의 특징이 혼합된 것이다.

충성파 행동 모델의 요소들

경쟁 관계에 있는 재화 혹은 조직을 선택할 때 충성심이 영향을 미치는 경우 어떤 일이 발생하는지를 공식적인 모델로 나타내보면 도움이 될 것이다. 이를 위해 다시 한 번 어떤 조직의 정책이 나빠지거나 기업의 제품 질이 저하되기 시작했다고 가정해보자. 이번에는 기업과 제품보다는 조직과 정책에 초점을 맞춰보자. 조직의 질 저하를 주관적인 말로 다시 풀어보면 구성원의 관점에서는 곧 조직의 정책에 어긋나는 의견이 서서히 늘어나는 것이라 할 수 있다.

〈도표 1〉(169쪽)에서 수평축은 조직의 질을 가리키는데, 조직의 정책에 완전히 동의하는 점부터 완전히 반대하는 지점까지를 나타낸다. 수직축은 다양한 의견 일치에 대응하는 효과적 항의의 정도를 나타낸다.

조직이 '잘못된' 방향으로 나아가는 과정에서 어떤 지점에 이르면 구성원들은 이 과정을 바로잡거나 뒤집기 위해 영향력을 행사하려고 할 것이다. 의견 불일치의 정도가 커질수록 이러한 움직임은 강해질 것이다. 이 과정에서 충성심이 없으면 이탈이 발생하는 지점인 XAL$^{eXit\ in\ the\ Absence\ of\ Loyalty}$(충성심 부재 시의 이탈점)이 나타날 것이다. 이제 충성심은 이탈의 결정에 브레이크 역할을 하게 된다. 충성심 있는 구성원은 이탈하지는 않지만 조직에 계속 남아 있는 것에 대해 극도로 마음이 불편해지면서 '배앓이(독일 공산당원들이 당의 노선에 불만을 가졌을 때 떠돌던 말)'를 하게 된다. 대체로 이들은 노선을 바꾸기 위해 이전보다 더욱 강력하게 움직일 것이고, 이 목적을 위해 다양한 종류의 항의 방식을 심도 있게 구사할 것이다. 바로 이 지점에서 항의 방식의 함수가 꺾이게 되고, 그 후 가파른 경사를 이루게 된다. 또한 불일치의 정도가 점차 커짐에 따라 이탈하겠다는 위협이 항의 방식의 효과를 높일 것이라고 예상되면 회원들은 TX$^{Threat\ of\ eXit}$(이탈 위협점) 지점에서 이탈을 상정하면서 위협을 가하게 된다. 이탈의 위협은 항의 방식이 불연속적으로 급증한다는 의미이므로 항의 함수는 이 지점에서 수직으로 변한다. 마지막으로 충성심이 파열점인 XWL$^{eXit\ With\ Loyalty}$(충성심을 가지고 이탈하는 지점)에 이르면 이탈이 뒤따른다. 고객 혹은 구성

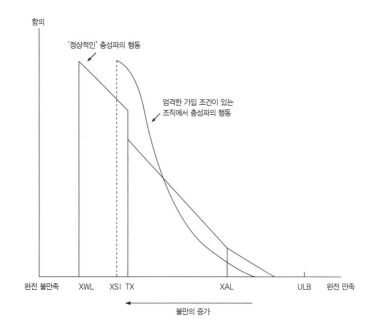

여기서 세로축은 "항의", 그래프 내부 상단 왼쪽에는 "'정상적인' 충성파의 행동", 중앙 오른쪽에는 "엄격한 가입 조건이 있는 조직에서 충성파의 행동"이라는 설명이 붙어 있다.

가로축 왼쪽 끝은 "완전 불만족", 오른쪽 끝은 "완전 만족"이며, 축 위에는 왼쪽부터 XWL, XSI TX, XAL, ULB가 표시되어 있다. 아래쪽 화살표에는 "불만의 증가"라고 적혀 있다.

〈도표 1〉 조직과의 불화가 커질 경우 충성파의 행동

원의 충성심이 갖는 장악력은 XAL점과 TX점 사이의 거리 혹은 XAL점과 XWL점 사이의 거리로 나타낼 수 있다. 이 두 점 사이의 거리는 두 가지 상이한 종류의 충성심을 나타낸다. 전자(XAL과 TX 사이의 거리)는 이탈할 생각이 없는 충성심으로 사회의 기본 조직에서 나타난다. 이 경우 아무리 상황이 마음에 안 들어도 조직 구성원들은 이탈을 전혀 생각지 못한다. 반면 XAL점과 XWL점 사이의 거리는 좀더 포괄적인 충성심을 대변한다. TX-XWL 사이의 거리는 구성원들이 이탈을 상정하고 조직의 정책을 바꾸기 위해 이탈의 위협을 사용하기 쉬운 기간으로, 상황의 악화를 대변한다. 어떤 경우 이런 위협은 막강한 무기로서 효과적인 항의 방식이 될 수 있으므로, 상황 악화의 전 과정에 나타나는 효과적인 항의 방식의 총량은 충성파 행동 함수의 전 부분(XAL-XWL)보다 이 부분(TX-XWL)과 더 많이 연관되어 있다.

이 모델을 이용해 충성파의 행동에 대해 추론의 영역을 좀더 늘려보자. 어떤 충성파가 이탈하고 나서(제품으로부터의 이탈은 일반적으로 경쟁 제품으로의 '진입'을 뜻하지만 조직으로부터의 이탈은 단순히 조직원의 신분에서 비조직원의 신분으로 바뀌는 것을 뜻한다) 이탈한 조직이 다시 회복되었다고 가정해보자. 이러한 경우 이 충성파는 어떤 지점에서 조직에 복귀하게 될까? 이 충성파는 자신이 이탈했던 지점인 XWL점까지 회복이 진척되자마자 복귀하지는 않을 것이다. XAL과 XWL 사이에서 고통을 겪었기 때문에 적어도 자신이 이전에 편치 못한 마음을 가지기 시작했던 XAL점까지 조직이나 제품이 회복할 때까지 기다릴 것이다. 당연히 이 충성파는 다시 상황이 악화되어 또다시 배앓이를 하기를 원치 않을 것이므로 추가적인 안전을 확보할 여지가 있는 더 높은 품질을 요구할 것이다. 물론 이러한 전 과정에서 너무 큰 상처를 받아 아예 복귀를 생각하지 않는 경우도 많을 것이다. 그러므로 이탈 지점과 재진입 지점은 도저히 같을 수가 없고, 가능하다면 둘 사이의 거리를 측정하여 상이한 제품이나 조직에서 충성심의 강도를 확인해 볼 수 있다.

앞의 모델에서는 서서히 품질이 하락하다가 다시 원상회복을 했다. 이 모델을 자산 가치가 서서히 떨어지다가 가격이 오르는 경우로 바꿔 생각해보자. 이 경우 충성파의 행동은 손해를 볼까봐 주식을 싸게 팔았다가 주식 값이 한참 오른 뒤에야 되사는 순진하고 운 나쁜 투자자와 유사할 것이다. 그러나 충성파는 이러한 투자자와 달리 반드시 '풋내기'는 아니다. 충성파가 질의 저하를 경험하는 제품이나 조직을 떠나지 않으려면 질 저하에 대응해 원상회복의 기회가 늘어나야 한다. 충성파가 풋내기처럼 보이다가 결국 실제로 풋내기가 되는 것은 원상회복이 일어나지 않을 경우에만 국한된다. 이 경우 충성파는 충성스러운 행동에 암묵적으로 내재된 원상회복에 대한 내기에서 지는 셈이다.

여기에는 경제학자에게 흥미로운 한 가지 지점이 있다. 충성파의 행동에 따르면 가격(혹은 품질)과 구매량 간에 일대일 관계가 성립하는 전통적 수요곡선이 두 개의 상이한 곡선으로 분리되어 나타난다는 것이다. 충성파의 확고한 지지를 받는 제품이 처음에는 품질이 떨어지다가 나중에 다시 품질을 회복한다고 하자. 처음 품질이 저하할 때는 낮은 수요 탄력성을 보이다가 참을 수 없을 정도로 품질이 떨어지면 수요 탄력성이 높아지는 하나의 수요

....

6 이 명제는 쉽게 도형으로 나타낼 수 있다. 아래 도표에서 수평축은 구매량을, 수직축은 품질(저하)을 나타낸다. 처음에 Q_1이었던 품질은 점차 하락하여 Q_3으로 갔다가 다시 회복하여 천천히 Q_1으로 되돌아온다고 가정하자. 이 경우 ABC 곡선은 품질 저하 시의 수요를 나타내는 반면 CDA 곡선은 품질 회복기의 수요를 나타낸다. 품질 저하-회복 주기의 국면에 따라 품질 Q_2점에서의 수요는 Q_2B 혹은 Q_2D가 될 것이다.

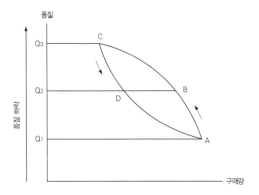

반응과 다시 품질이 좋아질 때 나타나는 또 하나의 수요 반응이 있을 것이다. 품질이 좋아지는 동안 품질이 낮은 구간에서는 탄력성이 낮을 것이고 품질이 개선되면서 결국 탄력성이 높아지게 된다.[6] 물론 수요는 상황 인식의 관성과 지연 때문에 현재의 품질뿐만 아니라 어느 정도 이전의 품질 함수로 나타나기 쉽다. 기업 혹은 조직의 과거 성과는 고객 혹은 회원의 현재 행위에 영향을 미치고 충성심은 이러한 영향력을 강화시킨다.

문제를 이상과 같이 소개하면 자연스럽게 무의식적 충성파의 행동을 살펴보지 않을 수 없다. 심리학자들은 이탈점과 재진입점이 일치하지 않는 것과 유사한 상황을 다음과 같은 예를 들어 묘사하고 있다. 실험 대상자에게 고양이가 서서히 개로 바뀌는 일련의 이미지를 보여준 다음 이 과정을 거꾸로 실행한다고 가정하면, 사람의 눈은 처음 보여준 이미지에 '충성스러울' 것이다. 고양이에서 개로 바뀌는 일련의 이미지를 보여주면 상당수의 이미지가 '고양이'로 보일 것이고, 반대의 경우에는 개로 보일 것이다.[7] 변화를 감지하기 어려워지면 품질이 하락하는 경우 무의식적 충성파의 행

----

7 K. R. L. Hall, "Perceiving and Naming a Series of Figures", *Quarterly Journal of Experimental Psychology*, no. 2, 1950, pp. 153~162. 이와 유사한 결과는 다양한 정보가 모여 융합하는 과정을 조사한 실험에서도 발견된다. 예를 들어, 실험 대상자에게 성격을 묘사하는 형용사 몇 개를 읽어주는 경우 이 형용사들을 통해 묘사된 사람에 대한 전반적인 평가는 형용사가 나열된 순서에 따라 결정된다. 순서상 먼저 나온 형용사가 더 중요하게 평가된다. 예를 들어보자. '지적이다, 신중하다, 변덕스럽다, 자기중심적이다'의 순서는 이 형용사들을 뒤바꾸어 거론할 때보다 전체적으로 더 좋은 인상을 남긴다. 이런 현상은 이른바 '수위首位 효과'로 알려져 있다. 다음 글을 참조하라. Norman H. Anderson, "Primacy Effects in Personality Impression Formation", *Journal of Social Psychology*, no. 2, June 1965, pp. 1~9.

동이 번성하게 되고, 조직이 개선되는 경우에는 오랫동안 진입 또는 복귀를 망설이게 만든다.[8] 개념상 무의식적 충성파의 행동은 사람들이 느끼는 불만에서 자유롭기 때문에 항의로 이어지지는 않을 것이다. 〈도표 1〉의 ULB^{Unconscious Loyal Behavior} 지점에서 시작되는 무의식적 충성파의 행동은 항의 혹은 이탈을 정당화시키는 품질 하락이 실제로 시작되었다고 느끼는 외부 관찰자의 관점에서만 충성파일 뿐이다. 구성원들은 품질이 얼마나 하락하고 있는지 모르기 때문이다.

이상에서 개략적으로 살펴본 모델은 충성파 행동의 또 다른 변형을 이해하는 데도 유익할 것이다.

충성파의 행동: 가입 조건의 엄격함과 이탈에 대한 강한 불이익

지금까지 충성심은 이탈을 지연시키고 항의를 강화함으로써 너무 많이 혹은 너무 빨리 이탈을 하는 위험으로부터 기업 혹은 조직을 구해주는 하나의 힘으로 칭송되었다. 그러나 이미 어느 정도 언급했듯 충성심이 그렇게 행운의 역할만을 하지 못하는 경우도

....

8 Robert Jervis, " Hypotheses on Misperception", *World Politics*, no. 20, April 1968, pp. 439~453; Albert O. Hirschman, "Underdevelopment Obstacles to the Perception of Change, and Leadership", *Daedalus*, Summer 1968, pp. 925~936.

있다. 충성심을 불러일으키도록 설계된 각종 제도들은 항의와 이탈을 더욱 잘 배합해서 정교화할 목적으로 구축된 것은 아니다. 제도가 그러하다면 그것은 '인간의 의도가 아닌 인간 행위의 결과물로서' 부지불식간에 그리 된 것이다.[9]

사회과학자로서 이처럼 숨겨진 그리고 의도적이지 않은 조화를 발견하는 것은 언제나 유쾌한 일이다. 하지만 이러한 발견에는 조화롭지 못한 상황을 함께 살펴야 한다는 의무감이 따른다. 지금 다루고 있는 주제에서 최적의 결과가 아닐 경우는 많다. 충성심이 과녁을 지나쳐서 이탈 방식이 과도하게 무시당하는 이탈-항의 배합이 나타날 수 있다. 두 번째로 반드시 인식해야 할 문제는 충성심을 강화하려는 제도나 방안이 이탈 방식을 희생시키면서도 항의 방식을 진작시키는 데는 별 관심이 없을 뿐만 아니라 가끔 이탈과 함께 항의 방식을 억압한다는 점이다. 이탈이나 항의를 통해 피드백을 받는 것은 장기적인 안목에서 조직의 관리자들에게 이득이된다. 하지만 이들 관리자는 구성원이 떠나거나 또는 불만을 터뜨리지 않음으로써 자신의 확고한 입장을 확보하여 행동의 폭을 넓히고 단기적인 이득을 얻는다. 그러므로 경영진은 사회적 관점에서 이상적인 이탈-참여의 조합을 제외한, 그 어떤 제도적 고안에

----

9 이 문장은 하이에크의 다음 저서에 나오는 에세이 제목으로 쓰였다. F. A. Hayek, *Studies in Philosophy, Politics, and Economics*, Chicago: University of Chicago Press, 1967. 하이에크는 이 제목을 퍼거슨Adam Ferguson의 저서(원제는 『시민사회의 역사에 대한 에세이*Essay on the History of Civil Society*』)에서 따왔다고 밝히고 있다.

대해서도 관심을 기울일 것이다.

조직에 가입할 때 회비를 많이 매기거나 조직에서 이탈할 때 강력한 제재를 가하는 것은 이탈이나 항의를 억압하여 충성심을 일으키거나 강화시키는 주요 발상 중 하나다. 이들 방안은 충성파의 행동 모델에 어떤 영향을 미칠까? 무의식적인 충성파의 행동이라는 개념이 주제를 풀어나가는 역할을 해줄 것이다. 앞서 밝혔듯이 이 유형의 행동은 항의 방식을 일구어내지 못한다. 그리고 다른 충성파의 행동과 마찬가지로 무의식적 충성파의 행동은 이탈을 지연시키기 때문에 구성원들이 이탈과 참여 모두로부터 멀어지기를 바라는 경영진이 있는 조직에서 높은 평가를 받는다. 이러한 조직에서는 의식적 충성파의 행동을 무의식적 충성파의 행동으로 변환시키는 여러 가지 방안을 강구할 것이다.

실제로 이 두 가지 유형의 행동을 뚜렷이 구분하기는 쉽지 않다. 왜냐하면 조직의 고객 혹은 구성원은 자신이 구매한 제품에 결함이 많거나 혹은 자신이 속한 조직이 악화되고 있다는 사실을 자각하지 않으려는 자기기만에 상당한 이해관계가 걸려 있기 때문이다. 특히 물품의 구매나 구성원 자격의 획득에 상당한 투자를 했을 경우 이러한 종류의 각성을 스스로 억압하려는 경향이 강하다. 가입 비용이 비싸거나 시작 조건이 까다로운 조직에서 구성원들은 상황이 악화되고 있음을 깨닫기까지 오랜 시간이 걸리며, 따라서 참여의 목소리를 내는 시기도 지연된다. 그러나 같은 이유로 일단 상황 악화에 관심을 기울이게 되면 엄격한 가입 조건을 내건 조직의 구성원들은 높은 가입비를 지불한 자신의 행동이 옳다는 것을 입증하기 위해 강력하게 투쟁할 것이다. 그리하여 한편으로 가입 조건이 까다로우면 목소리를 높여 항의하는 것이 연기될 수는 있지만 항의 방식에 호소하려는 경향은 대체로 충성파보다 더욱 두드러질 것이다. 높은 진입 비용은 항의의 시간 패턴을 바꾸겠지만 항의의 총량은 감소시키지 못할 것이다.[10]

이러한 발견에 따라 인지 부조화 이론Theory of Cognitive Dissonance은 수정되어야 한다. 이 이론에 따르면 사람들은 기존의 신념과 조화를 이루지 못하는 '모순된' 행동이나 행위에 관여하게 되면 기존의 인지와 신념을 변환시켜서 일관성을 유지하고자 한다. 방금 지적한 경우에는 다소 엄격한 가입 조건이 행동에 해당하고, (어느 잘 알려진 실험의 경우) 자신이 구성원으로 가입한 조직의 따분한 활동상이 인지에 해당한다. 이 이론의 예측과 실험 결과에 따르면 진입 조건이 엄격할수록 자기기만의 경향성이 높아진다고

----

10 169쪽 〈도표 1〉의 곡선을 참조하라.

한다. 즉 따분해 보이는 조직의 활동상이 더욱 환상적으로 느껴지는 것이다.[11] 이제 자기기만에 어느 정도 제한이 있을 뿐만 아니라 (더욱 중요한 것은) 구성원들이 주도한 결과 조직의 활동을 더욱 흥미롭게 만들 여지가 있다고 가정해보자. 그렇다면 같은 실험에서 다음과 같은 예상이 가능하다. 즉 엄격한 가입 조건을 거친 구성원들은 처음에는 활동에 만족하면서 수동적인 태도를 취하다가 다른 구성원들보다 더욱 주도적이고 활동적으로 바뀔 것이다. 따라서 부조화의 상황이 신념, 태도, 인지의 변화를 유발할 뿐만 아니라 부조화를 극복 혹은 감소시키는 대안적 (특히 유일한) 방법일 경우에는 현실 세계를 변화시킬 의도를 가진 행동으로 연결될 수도 있다.[12]

스탠퍼드 대학의 짐바르도 Philip Zimbardo 교수의 연구팀이 이 가설을

---

11 E. Aronson and J. Mills, "The Effects of Severity of Initiation on Liking for a Group", *Journal of Abnormal and Social Psychology*, no. 59, 1959, pp. 177~181. 아론슨-밀스 실험의 후속 결과와 비판에 대한 반박은 다음을 참조하라. H. B. Gerard and G. C. Mathewson, "The Effects of Severity of Initiation on Liking for a Group: A Replication", *Journal of Experimental Social Psychology*, no. 2, July 1966, pp. 278~287. 이들 논문에 대해서는 '부록 E'를 참조하라.

12 겉보기에 유사해 보이지만 여기서 제시한 가설은 다음에 소개 검증된 것과 완전히 다른 것이다. Leon Festinger, H. W. Riecken, and Stanley Schachter, *When Prophecy Fails*, Minneapolis: University of Minnesota Press, 1956. 인지 부조화와 관련한 문헌 가운데 고전에 속하는 이 글에서 저자들은 신념 소유 집단에게 그들의 신념이 명확히 틀렸음을 보여주면 어떤 효과가 나타나는지 조사했다. 이 이론이 예측한 것과 다르지 않게 신념 소유 집단은 이전에 비해 더욱 활발하게 행동을 바꾸었다. 그러나 이러한 행동은 부조화적 인지를 바꾸기보다 부조화적 인지를 수면 아래로 익사시켜 그들의 신념이 부정되었음을 잊어버림으로써 부조화를 제거하려는 시도로 보아야 한다. 아론슨-밀스와 페스팅거 등이 제시한 상황은 부조화적 인지(따분한 집단 활동의 성격, 예상과 달리 화끈한 일이 벌어지지 않는 것)가 불변이고 또한 어쩌다 일어나는 사건이라고 가정한 것이었다. 물론 실제로 많은 상황들은 반복적이고, 또한 '바로 다음번에' 바뀔 수도 있다.

실험적으로 검증할 것이다.[13] 그 결과가 나올 때까지는 여기저기 흩어진 역사적 증거들을 그 실례로 살펴봐도 무방할 것이다. 이미 널리 알려졌고 역사적으로도 입증된 금언인 "혁명은 사투르누스 Saturn(고대 로마 신화에 등장하는 농업의 신-옮긴이)처럼 자신의 자식들을 집어삼켜버린다"를 예로 들어보자. 지금까지 전개한 논리를 따르면 왜 이렇게 될 수밖에 없는지를 쉽게 이해할 수 있다. 혁명가들은 '혁명'을 위해 위험을 무릅쓰고 희생을 감내하며 끝까지 매진하는 값비싼 개인적인 대가를 치렀다. 일단 혁명이 이뤄지면 혁명의 실제 상황과 예상했던 상황 간에 간극이 벌어지기 마련이다. 혁명을 현실로 만들기 위해 가장 비싼 대가를 지불한 사람들은 이러한 간극을 없애기 위해 다시 한 번 이러한 상황을 변화시킬 가장 강력한 동기를 유발시킨다. 이 과정에서 그들은 현재 권력을 잡고 있는 동료 혁명가들과 적대 관계에 들어서고 이어서 발생하는 투쟁에서 이쪽이나 저쪽 혹은 양쪽 모두가 재난을 당하게 된다.

같은 원리가 적용되는 또 다른 예로는 8장에서 논의할 미국의 경험을 들 수 있다.[14] 높은 진입 비용을 지불한다고 해도 이는 반드시 많은 돈을 지불한 일에 대한 허용으로 나타나는 것이 아니라 더욱 강력하고 커다란 목소리의 항의로 이어질 수도 있다. 물론 현

....

13 이 연구의 범위와 설계에 대해서는 '부록 E'를 참조하라.

14 이 책의 205~207쪽을 보라. 나는 다른 곳에서 이와 비슷한 맥락으로 "난관에 처한 개발 프로젝트를 구하기 위한 노력은 프로젝트 책임자가 이미 지출한 자금 때문에 이 프로젝트에 확고한 공약을 내걸 때 가장 활발하게 이루어진다"라고 주장했다. 따라서 난관이 나중에 나타날수록 좋다. 물론 난관이 성공적으로 해결될 수 있다면 말이다. Hirschman, *op. cit.*, pp. 18~21.

재 벌어지고 있는 일에 더 이상 눈감지 못할 즈음에는 상황이 너무 악화되어 조직을 이탈하는 것만이 갑자기 알아차린 조직의 난맥상에 대한 조직원들의 유일한 반응일 수도 있다. 따라서 높은 진입 비용은 결과적으로 이탈뿐만 아니라 항의 방식도 활성화시킬 수 있다.[15] "힘차게 떠나든가, 힘차게 남아 있든가"라는 에릭 에릭슨의 문구가 다시 가장 유의미한 상황이 되었다. 이 문장은 품질에 민감한 소비자의 행동에 비춰 인용한 적이 있고, 이러한 일치는 우연이 아니다. 왜냐하면 진입 비용이 비싸면 의심할 여지없이 품질에 민감해지기 때문이다.

충성과 행동 모델에서는 조직이 **값비싼 이탈 비용**(물론 이탈에 따르는 진입 비용의 몰수는 제외했다)을 부과할 경우 또 다른 종류의 왜곡이 일어난다. 여기서 지불하는 비용은 파문, 명예훼손, 생계 박탈과 같은 중간 정도의 불이익과 함께 회원권의 영구 상실에서부터 생명의 박탈에까지 이를 수 있다. 이탈에 대해 이와 같은 고강도의 불이익을 줄 수 있는 조직은 가족, 종족, 종교 공동체, 국가와 같은 가장 전통적인 인간 집단뿐만 아니라 갱단과 전체주의 정당 같은 현대적 창안물도 있다.[16] 만약 조직이 이탈에 값비싼 불이익을 줄 수 있다면 조직은 그로 인해 구성원들이 가질 수 있는 가

---

15 이탈의 활성화는 169쪽 〈도표 1〉의 고가 진입 비용 지점인 XSI가 XWL 지점 앞에 위치한 것으로 나타난다.

16 공산당을 이탈한 대가로 치러야 했던 테러에 대해서는 다음을 참조하라. Gabrial A. Almond, *The Appeals of Communism*, Princeton: Princeton University Press, 1954, ch. 12.

장 강력한 무기인 이탈의 위협에 대항하는 막강한 방어력을 갖게 된다. 확언컨대, 이탈에 엄한 제재가 뒤따른다면 이탈이라는 생각 자체가 억압받을 것이고, 이탈 행위뿐만 아니라 이탈의 위협에 대해서도 제재가 가해지리라는 두려움 때문에 이탈에 대한 언급조차 하지 못하게 된다. 앞의 모델로 말하자면 TX 지점이 왼쪽으로 이동할 것이고 실제로는 아주 사라져버려서 충성심이 존재할 때의 이탈 지점인 XWL과 합쳐질 것이다. 이탈을 지연시키는 것이 이탈에 가혹한 대가를 치르게 하는 진정한 목적이기 때문에 XWL 점 자체도 왼쪽으로 이동할 것이다. 그러나 이탈에 대해 강력한 불이익을 줄 수도 없고 그럴 의향도 없지만 강력한 자발적 충성심을 이끌어내는 조직과 비교하면 이탈에 엄격한 제재가 따르는 조직이 점진적으로 성과 하락을 겪을 경우 구성원들의 행위에서 감지되는 가장 주된 변화는 이탈의 지연이라기보다는 이탈 위협 자체의 생략일 것이다.

이탈 비용이 높은, 즉 이탈의 불이익이 큰 조직에서는 항의 방식과 관련해서 어떤 일이 벌어질까? 조직을 둘로 구별하여 몇 가지 잠정적 결론을 끌어낼 수 있다. 한 조직은 진입 비용이 없고(국가나 가족처럼 태어나면서부터 가입이 되는 경우) 이탈 비용이 높은 경우이고, 다른 조직은 가입과 이탈 비용이 모두 높은 경우다. 진입과 이탈 비용이 높은 경우 피부로 느끼는 불만과 그 연장으로서 항의의 목소리를 내는 것이 지연된다는 사실은 이미 지적했다. 반면 높은 이탈 비용은 항의 방식의 효과적 도구인 이탈의 위협을 제거하기 때문에 이들 조직(갱단, 전체주의 정당)은 항의와 이탈 모두를 억누르기 쉽다. 이러한 조직들은 대개의 경우 이 와중에 두 가지 원상회복 메커니즘을 모두 잃게 될 것이다.[17]

이탈 비용은 높지만 진입 비용은 높지 않은 가족, 국가 같은 전통적 집단에서는 상황이 완전히 다르게 나타난다. 이 경우 출생과 동시에 완전히 '소속된다'는 사실 자체가 항의 방식에 자양분을 제공하고, 그리하여 사실상 불가능해진 이탈 위협을 보상해준다. 높은 이탈 비용 혹은 이탈을 '생각할 수도 없는 상황'은 그 자체로서 항의 방식의 억압을 막아줄 뿐만 아니라 항의 방식을 고무할 수도 있다. 이탈만을 어렵게 하는 전통적 집단이 이탈과 진입 모두에 고비용을 부과하는 집단들보다 훨씬 잘 살아남은 것은 아마 이런 이유 때문일 것이다.

....

17 이는 앱터가 제시한 명제, 즉 한 사회에서 강제력이 우세해지면 그것은 권력자에게 정보 흐름의 차원에서 대가를 치르게 한다는 명제의 특별한 경우인 셈이다. David Apter, *Politics of Modernization*, Chicago: University of Chicago Press, 1965, p. 40.

충성심, 그리고 공공재^(공공약)로부터 이탈하는 어려움

충성심, 그리고 공공재^(공공약)로부터 이탈하는 어려움

자신이 속한 조직과 의견이 달라도 굳이 이탈하지 않으려는 것이 충성파의 특징이다. 충성심이 있을 경우 이탈 행위는 다른 성격을 갖게 된다. 더 나은 구매처로 옮겨가는 빈틈없는 소비자의 합리적 행동은 불명예스러운 변절, 배반, 반역이 되는 것이다.

지금까지 살펴본 것처럼 충성파의 행동은 이탈에 대한 불이익이라는 일반적인 관점에서 이해할 수 있다. 불이익은 직접적으로 줄 수도 있지만 대부분의 경우 내재화되어 있다. 이때 개인은 특별히 그 집단이 명시적 제재를 가하지 않더라도 집단을 이탈할 때 많은 비용을 지불해야 한다고 느낀다. 따라서 더 나은 대안을 바로 앞에 두고 그냥 집단에 남아 있는 것은 예상되는 개인의 편익을 예상되는 개인의 손실과 비교해본 지극히 합리적인 균형의 결과로 봐도 무방하다. 그러나 충성파의 행동은 전통적 방식과는 약간 다른 동기 유발이 가능하다. 조직을 떠날 시점이 도래했는지를 결정하는 경우, 때로 구성원들(특히 조직 내의 영향력이 강력한 구성원들)은 이탈 시에 감내해야 할 도덕적 혹은 물리적 고통보다는 자신들이 떠나면 이 조직이 악화 일로에 처할 것이라는 생각 때문에 쉽게

이탈을 감행하지 못할 것이다.

이러한 행동 유형은 4장에서 논의한 것과 정반대의 경우다. 4장에서는 특정 조건에서는 가장 영향력 있는 구성원들이 최초의 이탈자가 될 것이라고 했다. 이 결론이 지금에 와서 뒤집어지는 이유는 완전히 새롭고 어쩌면 이상하기까지 한, 방금 소개한 가정 때문이다. 구성원이 조직을 떠난 후에도 자신이 몸담았던 조직의 활동 상황과 '성과'에 지속적으로 관심을 기울인다는 가정이 바로 그것이다. 대부분의 소비자-생산품과 구성원-조직의 관계에서 이 가정은 들어맞지 않는다. 내가 일상적으로 구매하던 비누에 불만이 생겨서 다른 제품으로 바꿀 것을 고려할 경우, 내가 제품을 바꾼 결과 기존에 구매하던 비누의 품질이 떨어지면 어쩌나 걱정하지는 않는다. 설사 그렇다 하더라도 내가 그 제품의 구매를 중단하는 한, 별 관심을 갖지 않을 것이다.[18] 위의 가정과 반대되는 이와 같은 예에서 알 수 있듯 현재 논의하고 있는 특별한 충성파의 행동에서는 기본이 되는 두 가지 조건을 찾아낼 수 있다.

첫째로 구성원이 이탈하면 그 결과 제품의 질이 더욱 떨어질 것이고, 둘째로 이러한 품질 악화에 대해 구성원은 자신이 조직에 남아 있건 아니건 간에 관심을 기울여야 한다.

....

18 만일 내가 거래를 끊은 회사가 불운에 처했다는 이야기를 듣는다면 실제로 걱정하기는커녕 반대로 "좀 제대로 잘하지!"라는 반응을 보일 것이다.

첫 번째 조건이 뜻하는 것은 품질이 구매자의 수나 판매량과 무관하지 않다는 것이다. 일정 수의 구성원이 이탈하면 품질 저하로 이어지고, 따라서 남아 있는 구성원의 '수요'가 더욱 낮아질 가능성이 커질 텐데, 이는 불안정적 균형 그리고 뮈르달Karl Myrdal이 말하는 누적 효과의 대표적인 경우다. 여기서는 완전경쟁 시장에서 소비자가 품질의 수용자인 것과 달리 소비자/구성원이 '품질의 결정자' 역할을 한다. 물론 개인 구매자가 가격 수용자보다는 가격 결정자로서의 입장을 인식하는 상황은 독점 혹은 독점적 경쟁이론에서는 익숙한 것이다. 경제학자들이 이 논의에서 관계 설정의 **방향**이 이상하다고 느낄 것이다. 일상적인 가격 결정 상황에서 구매자의 이탈(수요곡선의 하향 이동)은 가격의 하락이나 (예상되는 공급곡선의 상향 이동으로 인해) 품질의 상승으로 이어진다. 반면에 현재 지금 논의하고 있는 경우에는 품질-결정자로서 '구매자'의 이탈이 품질 저하로 이어진다. 그 이유는 실제로 '구매자'가 구성원인 까닭에 구매자 자신이 생산과 수요 양쪽에, 즉 조직 산출의 생산과 소비 모두에 관여하고 있기 때문이다. 따라서 산출물의 질에 가장 큰 영향력을 가진 사람들이 다른 구성원에 비해 품질에 민감하다면 조금만 품질이 변해도 떠나기 시작할 것이다. 이러한 이탈은 다시 품질 저하를 불러오고 이는 다시 이탈을 부추기는 연속 과정으로 이어질 것이다.

이러한 상황에서 충성파가 개입하기 시작하면, 특히 자신의 이탈이 가져올 결과를 잘 인식하여 이탈로부터 뒷걸음질치는 구성원들이 개입하게 되면 (바로 앞에서 지적한 것처럼) 철저한 불안정 상태는 모면할 수 있을 것이다. 바꿔 말해 이탈이 조직에 위협이 된다는 것을 구성원들이 인식한다면 불안정한 상황은 피할 수 있다. 그러나 진정 묻고 싶은 것은 다음과 같은 질문이다. 도대체 무슨 이유에서 구성원들은 자신의 이탈이 조직의 질에 미칠 영향에 그토록 관심을 쏟으며, 자신이 떠나면 조직의 질이 너무 떨어져서 안 되겠다는 생각까지 하는 것일까? 이러한 행동을 합리적으로 설명해주는 유일한 상황은 조직의 산출 혹은 질이 구성원들이 떠나간 후에도 문제가 되는 경우다. 다시 말해 완전한 이탈이 불가능한 경우다. 더 이상 어떤 물건을 사지 않겠다고 결정했음에도 그 물건의 소비자로 남아 있거나 공식적으로는 탈퇴했지만 아직도 조직의 구성원으로 남아 있는 경우가 그렇다.

사립학교와 공립학교를 비교하면 이런 상황을 잘 설명할 수 있다. 어떤 부모가 자기 아이를 공립학교에서 사립학교로 전학시킨다면 그로 인해 공교육의 질은 떨어질 것이다. 자신의 결정이 초래할 결과를 예상한다면, 그들은 전반적인 후생에 대한 고려, 심지어 공립과 사립 간 교육의 손익 계산 등 때문에 전학을 고려하지 않을 수도 있다. 자신이 속한 공동체의 공교육 질이 부모와 학생의 삶에 모두 영향을 미칠 것이므로, 만약 공교육의 질이 악화된다면 아이들을 사립학교로 전학시켜서 얻을 더 높은 교육적 성취는 감당하기 힘든 비용을 요구하는 셈이다. 이런 고려가 학부모들의 전학 시도를 포기시킬 수 있다.

이 논의는 경제학자들이 사적 재화와 공공재(집합재)를 구분하는 것과 직접적으로 관련된다. 공공재는 특정 공동체, 국가, 지리적 영역의 구성원인 모든 사람이 소비하는 재화로서 한 구성원이 이 재화를 사용했다고 해서 다른 구성원들이 이 재화를 사용 혹은 소비하지 못하는 것은 아니다. 전형적인 예로 범죄 예방, 국가 방위뿐만 아니라 높은 국제적 위상, 높은 문자 해독률, 공중 보건 등 모두가 이용하거나 이용해야만 하는 공공 정책의 목표 달성까지 포함된다. 이러한 재화를 대별하는 특징은 모두가 이 재화를 사용할 수 있다는 점뿐만이 아니다. 이 재화를 제공하는 공동체를 떠나지 않는 한, 사람들은 이 재화를 사용하지 않을 수 없다는 점도 특징이다. 그리하여 공공재public goods를 이야기하는 사람들은 공공악public evils도 이야기하는 것이다. 후자, 즉 공공악은 공공재의 공급이 보편적으로 부족하다는 사실에서 비롯될 뿐만 아니라 동시에 어떤 사람에게는 공공선public good(예를 들면 풍부한 경찰견과 원자폭탄)이 같은 공동체의 다른 사람에게는 공공악public evil이라는 사실에서도 비롯된다. 또한 공공선은 쉽게 공공악으로 변한다. 한 나라의 외교 및 국방 정책의 '산물'이 국제적 호평에서 국제적 악평으로 바뀌는 것을 그 예로 들 수 있다. 이 연구가 상황 악화와 그로 인한 이탈 및 항의에 관심을 두고 있다는 점을 감안한다면 이러한 가능성은 분명 특별한 관심의 대상이 될 만하다.

공공재의 개념을 이해하면 어떤 상황에서는 조직이나 재화로부터의 진정한 이탈이 불가능하다는 것을 쉽게 알 수 있다. 그러므로 부분적으로나마 이탈하겠다는 결정을 내린다면 그 재화가 궁극적으로 더욱 악화되는 상황을 고려해야만 한다. 일단 이렇게 공공재의 개념을 소개했지만, 실제로 이해하기 쉽지 않은 것이 하나 있다. 바로 어떻게 공공재로부터 부분적으로나마 이탈하느냐라는 것이다.

물론 실제로 사적私的 시민은 아이를 사립학교에 보냄으로써 공교육에서 빠져나올 수 있지만 동시에 그와 그 아이의 삶이 공교육의 질에 의해 영향을 받는다는 의미에서는 **빠져나올 수 없다.** 이런 부류의 사적 재화는 여럿 존재한다. 그런데 이러한 재화는 (흔히 경제학자가 '외부 경제'라고 부르는) '공공재적 차원'과 결부되기 때문에 누군가가 이들 재화를 단순히 생산하고 소비하는 것만으로도 공동체 구성원 모두의 삶에 영향을 미친다. 매매 가능한 물품과 서비스의 경우 이 관계는 자주 일어나지도 혹은 그렇게 중요하지도 않을 수 있지만 다수의 조직-구성원의 관계에서는 중심적 위치를 점하게 된다. 만일 내가 조직(일례로 정당)과 견해를 달리한다면 조직을 나갈 수는 있지만 그 정당이 기능하고 있는 사회를 나갈 수는 없다. 만일 내가 동의할 수 없는 외교 정책의 결정에 참여해야 하는 상황이라면 정책 결정자라는 공적 지위는 그만둘 수 있지만 내 생각에 점차 파괴적으로 바뀔 외교 정책을 펴나가는 나라의 국민으로서 불편한 마음을 가라앉히기는 힘들 것이다. 이 두 가지 예에서 각 개인은 처음에는 정당 정책과 외교 정책이라는 공공재의 생산자인 동시에 소비자이다. 그는 생산자이기를 멈출 수는 있지만 소비자이기를 멈출 수는 없다.

　이때 완전히 새로운 유형의 충성과 행동을 합리화할 수 있다. 이

제까지 이탈의 경향성은 상식(그리고 수요 이론)에 어긋나지 않는 한도 내에서 품질에 대한 불만 혹은 정당의 노선에 대한 의견 불일치의 상승 함수로 나타냈다. 이제는 이 변수들이 무관하거나 심지어 역관계가 가능하다는 것을 보여줄 수도 있다. 공공재의 경우 상황이 악화되는 어느 시점에서든 구성원은 자신이 조직에 남아 있는 경우 따르는 불만 혹은 수치심 등을 조직을 떠날 경우 자신이 입을 예상 손실 혹은 사회 전체가 입을 예상 손실과 비교할 것이다. 이 가상적인 손실을 피할 수 있게 해주는 것이 충성파의 행동에 따르는 편익이다. 만일 계속 구성원으로 남아 있는 경우의 비용에 맞춰 이런 편익이 늘어난다면 상황이 악화되더라도 이 구성원은 조직을 이탈하고자 하는 욕망이 더욱 강해지지는 않을 것이다. 의심의 여지없이 이 구성원은 점점 더 불만을 느끼긴 하겠지만 말이다. 구성원이 느끼는 불만과 모순되는 충성파의 행동이 최종 결과를 드러내는 시점은 조직이 생산하는 공공악이 계속 증가해서 참기 힘든 상태가 되는 순간이다. 그렇게 되면 방금 위에서 제시한 추론과 다르지 않게 이탈에 실패한 기간이 길면 길수록 이탈을 결정하는 것도 점점 힘들어질 것이다. 최악의 상황을 피하기 위해 계속 조직에 남아 있어야 한다는 신념이 시간이 지날수록 더욱 강고해진다.

흔히 이런 사고思考는 기회주의를 사후적으로 정당화한다. 그럼에도 이는 오늘날의 세계 질서와 관련한 강대국들의 특징에서 두드러지게 나타난다. 그리고 어떤 조직이 가장 핵심적인 공공악을 좌우할 수 있는 경우, 이와 같은 충성파의 행동(상황이 악화될수록 더욱 이탈이 힘들어지는 상황)은 매우 중요한 목적에 봉사하게 된다. 강대국들의 선택이 점점 더 잘못되고 위험한 방향으로 치달을수록 우리는 한층 더 계몽된 정책 결정자들이 우유부단하게 '내부'에 남아 잠재적인 위기 상황에서 영향력을 발휘해주기를 바란다. 뒤에서 주장하겠지만 이런 상황에서는 우유부단함이 모자라기보다는 지나쳐서 고통받기 쉽다. 그럼에도 불구하고 오늘날 세계의 중심 국가가 자행하는 거대한 공공악에 반대하며 결정적인 순간에 우유부단을 벗어던진다면(즉 항의를 한다면) 지속적인 우유부단(이탈로부터의 실패)은 '기능적인' 것 혹은 사회적으로 유용한 것으로 간주될 수 있다는 점은 짚고 넘어가야 할 것 같다.

공공재 혹은 공공악을 만들어내는 조직이나 기업의 환경은 충성파의 행동(즉 불만과 양심의 가책에도 불구하고 이탈을 지연하는 것)을 더욱 번성하게 만들고 더불어 몇 가지 특성을 갖게 된다. 그런 특성 중 하나는 이 장의 서두에서 묘사한 가능성이다. '옳으나 그르나 내 조국'이라는 마음은 언뜻 보면 이와는 반대되는 '그르면 그를수록 내 조국'으로 바뀌게 된다. 더욱이 이탈이 있더라도 그 성격은 지금까지 논의해온 이탈과는 다르다. 사적 재화를 생산하는 조직에서 이탈하는 경우 소비자-구성원과 생산자-조직의 관계는 단절된다. 확실히 그렇다. 경영진에게 무언가 잘못되고 있다는 신호를 보냄으로써 이탈은 품질 회복에 도움이 되겠지만, 그 효과는 기존의 소비자/구성원이 의도한 바가 전혀 아니기 때문이다. 이 소비자/구성원은 '더 이상 무관심할 수 없었던 것이다'. 반면 공공재의 경우 완전한 이탈이 불가능하므로 이들은 지속적으로 '관심을 갖는다'. 이탈에도 불구하고 산출물 혹은 피하기 힘든 (산출물) 외부 효과의 소비자로 남아 있게 되는 것이다. 이러한 조건에서 소비자/구성원은 자신이 떠남으로써 자신이 떠난 산출물-조직이 잘되기를 바란다. 소비자/구성원이 판단하기에 조직의 운영 방식이 급진적으로 바뀌지 않는 한 조직의 개선은 불가능한 것이다. 이제 이탈은 항의를 표하며 사임하는 것을 뜻하게 되었다. 또한 일반적으로 변화를 위해 내부에서 투쟁하는 것이 아니라 외부로부터 조직을 비난하며 싸우는 것이 되었다. 바꿔 말하면 이제 대안은 항의와 이탈 사이의 문제라기보다는 조직 내의 항의와 (이탈 후) 조직 외부로부터의 항의의 문제다. 그러므로 이탈 여부는 다음과 같은 완전히 새로운 질문에 달려 있다. 내부에 남아 정책을 바꾸려고 하기보다 (마음의 평화를 얻는 것은 논외로 하고) 외부에서 잘못된 정책에 대항해 싸우는 일에 좀더 효과적인 순간은 언제인가?

공공재로부터 이탈하는 소비자/구성원이 비록 사적 재화로부터 이탈하는 것처럼 행동하는 경우에도, 공공재로부터의 '정당한' 이탈과 이제까지 논의한 사적 재화로부터의 이탈 사이에는 상당한 차별성이 있음이 드러난다. 특히 미국처럼 사적 재화가 지배적이고 행동 유형에서도 사적 재화에 반응하는 형식이 지배적인 사회에서 이러한 혼돈이 예상된다. 당장 머릿속에는 최근에 벌어졌던 일이 하나의 예로 떠오른다. 어떤 공공 정책에 이견을 가진 고위 공직자가 사임하는 경우, 공공 정책을 심하게 비난하지 않고 사임의 변을 순전히 개인적인 차원으로, 즉 '내 가족의 입장에서 보면' 더 좋은 제안을 받았기에 떠난다고 말하는 것이 그 예다. 이와 유사한 예로 미국 사회, 가치관, 정부의 행위가 마음에 들지 않는 젊은이들(히피족을 지칭하며, 자세한 내용은 8장을 참조하라 – 옮긴이)은 먼저 기존의 구조를 바꿔보지도 않고 마치 더 나은 정책을 확보할 수 있는 것처럼 '이탈'해버린다. 두 가지 상반된 예를 통해 두 종류의 이탈을 혼동함으로써 생긴 불안감을 해소할 수 있는 가능성을 가늠해보자. 하나의 예는 존슨 행정부의 베트남 정책과 견해를 달리해 '중도 사임'한 공직자 중 적어도 한 명이라도 공개적으로 이 정책과 싸웠더라면 얻을 수도 있었을 불안감의 해소이고, 다른 하나의 예는 1968년 선거 기간 중에 유진 매카시Eugene McCarthy 상원의원이(베트남전 반대를 기치로 민주당 대통령 후보로 출마했다가 중도 포기했다-옮긴이) '책임를 회피'하는 대신 많은 미국 젊은이를 행동으로 이끎으로써 느낄 수 있었던 불안감의 해소다.

8장

미국의 이데올로기와
관행을 통해 살펴본
이탈과 항의

—

이번에는 유럽을 떠나 새로이 발디딘 땅을 자신의 터전으로 삼은 미국의 상황을 살펴보자. 미국은 분명 떠들썩한 항의보다는 깔끔한 이탈을 선호해왔다. 무언가 마음에 들지 않을 때 큰 결심 없이도 새로운 선택이 가능한 상황에서 누가 목소리를 높여 항의하겠는가?

하지만 이러한 미국적 전통이 항상 공식처럼 적용되지는 않는다. 흑인운동의 경우 자기 집단에서 벗어나 백인 사회에 침투해 들어가는 양상을 배척해왔으며, 결과적으로는 그렇게 이탈한 개인마저도 실패하는 사례가 나타나곤 했다. 또한 공직자 사회에서는 항의를 할 법한 이들이 '공식적인 반대자'의 역할을 부여받으면서 사임할 때조차 자신의 입장을 표명하기 어려워지기도 했다. 이것이 바로 '이탈'의 나라 미국이 처한 현실이다.

■

　이 시점에서 마지막 주제로 다루기에는 적지 않은 분량이기는 하지만 특수한 경우, 즉 미국의 이데올로기, 전통 그리고 관행에서의 항의와 이탈 문제를 한 번 살펴보는 것도 좋을 것이다.

　기본적으로 내가 지적하려는 점(이자 동시에 수수께끼)을 간략하게 말하자면, 미국적 전통 가운데서 이탈은 오랫동안 예외적으로 특권적 지위를 누려왔지만 중요한 몇몇 상황에서는 좋은 이유로든 나쁜 이유로든 이탈이 완전히 배제되었다는 사실이다.

　지금처럼 미국이 존재하고 성장한 것은 항의보다 이탈을 선호한 수백만 번의 결정에 힘입은 것이다. 이러한 '미국적 경험의 궁극적인 성격'을 웅변적으로 서술한 루이스 하르츠의 말을 인용해보자.

17세기에 유럽에서 미국으로 이주한 사람들은 유럽식 억압이 어떤 것인지에 대해 매우 깊이 인식하고 있었다. 그러나 그들은 차별성을 가진 혁명가들이었고, 아울러 그들이 도망쳐 나왔다는 사실은 결코 사소한 일이 아니다. 왜냐하면 조국에 남아 '봉건적 법률의 탄환'에 맞서 싸우는 것과 조국을 등지고 떠나는 것은 완전히 다르기 때문이다. 구세계에 남아 자유주의를 건설하는 것과 신세계에서 자유주의를 건설하는 것은 서로 다른 일이다. T. S. 엘리엇의 말을 빌리면 혁명은 살상하고 창조하는 것이지만 미국의 경험은 기이하게도 창조 쪽에만 투영되었다. 영웅적이었고, 유혈이 낭자했으며, 전설적이었던 산림과 인디언 부족을 파괴한 것은 자신이 속한 사회질서를 파괴하는 것과는 비교도 되지 않는다. 첫 번째 경험은 온전히 외부적인 것이고, 실제로 외부적인 것은 끝이 있다. 두 번째 경험은 내부적인 동시에 외부적인 투쟁으로 프로이트식 부친 살해(그리스 신화에 나오는 오이디푸스의 비극을 가리킨다 – 옮긴이)처럼 어떤 면에서는 영원히 지속되는 것이다.[1]

항의로 인한 소란과 비판보다는 이탈을 통한 깔끔함을 선호했

---

1 Louis Hartz, *The Liberal Tradition in America*, New York: Harcourt, Brace & World, 1955, pp. 64~65.

던 미국의 경험은 "우리의 역사를 통해 지속되어왔다".[2] 유럽으로부터의 이탈은 미국 내에서도 서부 개척을 통해 재현되었고, 프레더릭 잭슨 터너는 이를 "과거의 굴레로부터 탈출하는 문"이라고 규정했다.[3] 동부에 거주한 대부분의 사람들에게 '서부로 가는 것은' 현실이라기보다는 신화에 가까운 것이었겠지만[4] 모든 사람에게 문제 해결의 패러다임을 제공했으므로 신화의 의미는 매우 중요했다. 심지어 서부 개척지가 사라진 이후에도 손쉬운 교통수단으로 연결된 광활한 국토 자체가 미국인들에게는 투쟁을 위해 자기 자리에서 사임하거나 상황을 개선시키는 대신 그들에게 '던져진' 특정 조건에서 '물리적으로 이탈'함으로써 문제를 해결하는 것을 훨씬 쉽게 만들었다. 토크빌 이래 많은 관찰자들이 지적한 미국

---

2 Ibid., p. 65 n. 이 주석의 문장에도 주목해야 한다. "진정한 의미에서 실제로 물리적인 이주를 한 것은 유럽식 사회혁명의 미국적 대체다."

3 1893년에 발표된 그의 유명한 논문("The Significance of the Frontier in American History")의 마지막 문단에 사용한 표현으로 다음 책에 재수록되었다. Frederick Jackson Turner, *The Frontier in American History*, New York: Henry Holt, 1920, p. 38. 흥미롭게도 터너는 이후의 논문에서 미국의 개척기가 끝남에 따라 민주주의가 미국에서 왕성하게 살아남기 위해서는 '항의'와 유사한 새로운 정치 과정이 서부 개척지의 역할을 물려받아야 한다고 지적하고 있다. "현재 내가 보건대 옛 이데올로기를 새로운 상황에 맞춰 재조정해야 할 책무가 있고, 이에 점점 정부가 전통적 의미의 민주주의를 보존해야 할 책무를 맡아야 한다. 선거가 지속됨에 따라 사회주의가 상당한 성과를 거두고, 정당이 새로운 노선으로 조직되고, 예비선거와 상원의원 선거가 이뤄지고, 주민발의, 주민소환, 주민투표가 널리 퍼져나가고, 한때 민주주의의 선구자 역할을 했던 지역에서 이러한 경향들이 가장 두드러지게 나타나고 있음은 놀라운 일이 아니다. 이러한 노력들은 신개척지가 점차 사라짐에 따라 기존 민주주의의 안전벽을 대체하려는 것이다. 서부 개척지의 소멸에 이어 나타나는 것들이다."(321쪽)

4 예를 들면 다음을 참조하라. F. A. Shannon, "A Post-Mortem on the Labor Safety-Valve Theory", *Agricultural History*, no. 19, January 1945, pp. 31~37. 이 글은 다음 책에 재수록되었다. George R. Taylor, ed., *The Turner Thesis*, Boston: D. C. Heath & Co., 1949.

인들의 기묘한 순응주의도 이러한 방향에서 설명이 가능하다. 진정 상황이 마음에 들지 않으면 주어진 환경에서 언제라도 벗어나면 되는데 무엇 때문에 갈등 가운데서 목소리를 높여 자신을 곤경에 빠뜨리겠는가?

이 모든 '떠나감'은 진정한 의미의 이탈, 즉 공공재보다는 사적 재화로부터의 이탈과 같아서 자신들이 떠난 사회에 어떤 여파가 있더라도 이는 의도하지 않았던 부차적인 효과에 불과했다. 공동체에서 떠난 사람들은 공동체를 개선하고 그 연장선상으로 밖에서 공동체와 투쟁을 벌일 생각이 없었다. 그들은 떠나가는 이민자라기보다는 떠나온 이민자들이었으며, 이주 직후부터 그들이 떠나온 공동체에 대해 '더 이상 신경 쓸 필요가 없었다'. 이러한 관점에서 보면 오늘날 히피족과 같은 집단이 벌이는 '무無속박' 운동은 지극히 미국적 전통에 근거한다. 되풀이해서 주변 사회질서에 대한 불만이 투쟁보다는 이탈, 아울러 불만족스러운 집단으로부터의 후퇴와 새로운 '무대'의 창조로 이어진다. 이들 그룹이 '비非미국적'으로 느껴지는 것은 그들이 (불만 집단으로부터) 후퇴했기 때문이 아니다. 이와 반대로 그들이 배척하는 질서 정연한 사회에 영향력을 행사하는 방식이 과시적으로 '다르다'는 것을 보여주기 때문이다. 히피들은 그 이탈 방식이 확연히 눈에 띄는 데다 반항과 약간의 비정상이 기묘하게 결합되어 있어서 그들의 선조인 종교적 이민 개척자와 달리 실제로는 항의의 목소리를 높이는 방식에 근접해가고 있다.

성공에 관한 전통적인 미국식 사고는 이탈이 국가적 상상력에서 점했던 굳건함을 확인시켜준다. 성공(혹은 신분의 사회적 상향 이동)은 오랫동안 진화적 개인주의의 관점에서 이해되어왔다.[5] 사회라는 사다리의 아래에서 시작해서 성공한 개인은 필연적으로 사다리를 타고 올라감에 따라 자신의 그룹을 뒤로한다. 다음으로 그는 높은 계단을 '통과해' 진입하거나 혹은 '받아들여진다'. 그는 직계 가족 외에 그 누구도 데려가지 않는다. 실제로 성공은 자신이 성장한 가난한 동네에서 물리적으로 더 좋은 이웃 동네로 이주하는 일련의 과정으로 상징되고 신성시된다. 그는 이후 한때 자신이 속했던 이웃이나 집단의 가난한 사람 혹은 그럴 만한 자격이 있는 사람을 구제하기 위해 기부금을 낼지 모른다. 소수 종교 집단이나 인종 집단이 집단으로서 높은 사회적인 지위를 얻는다면 이는 기본적으로 집단 전체가 함께 노력한 결과라기보다는 수많은 개인이 각자 성공하여 물리적으로 이주한 덕분이다.

···················

5 Richard Hofstadter, *Social Darwinism in American Thought*, Philadelphia: University of Pennsylvania Press, 1945.

미국의 흑인운동은 참신하게도 이와 같은 전통적인 상향 이동 방식이 사회 내의 억압받는 다수 집단에게는 가능하지도 바람직하지도 않다고 배척했다. 상당히 의미심장하게도 흑인 민권운동은 몇몇 선택된 흑인이 개별적으로 백인 사회에 침투해 들어가는 것에 대한 경멸과 흑인을 하나의 집단으로서 '집합적으로 자극'하고 그들의 불량한 거주지를 개선하려는 강력한 공약이 결합된 것이다. 한 대변인의 말을 인용해보자.

> 지금껏 진행된 방향에서 보면 (……) 흑백 통합을 하면 집단 구성원의 개인적 지위는 올라가지만 모순되게도 이 집단의 운명 전체를 바꾸는 데는 실패한다. 그 결과 유망한 개인들은 대부분 집단에서 떨어져나가고 이 집단의 집합적 추진력은 약화된다.[6]

이 공식은 앞서 언급했던 경우(나이지리아의 철도, 공교육 문제 등)와 놀랄 정도로 유사하다. 이 모든 경우 기업은 이탈로 인해 품질에 가장 민감한 고객을, 조직은 가장 유능한 구성원을 잃게 되므로 항의의 목소리는 치명적으로 약화되면서도 정작 이탈은 별 효과를 거둘 수 없다.

....

6 다음 저서에 인용한 네이선 헤어Nathan Hare의 말이다. John H. Bunzel, "Black Studies at San Francisco State", *The Public Interest*, no. 13, Fall 1968, p. 30. 흑백 통합이 흑인 공동체로부터 '지도자적 잠재력'을 빼앗아갔다는 주장은 다음 책에도 나온다. Stokely Carmichael and Charles V. Hamilton, *Black Power*, New York: Vintage Books, 1967, p. 53.

지속적으로 차별받았던 소수집단의 경우 이 논의를 더욱 진전시킬 수 있다. 이때 이탈한 개인의 관점에서도 이탈은 만족스럽지 못한 실패로 귀결되며, 이런 일은 흔히 목격된다. 그런데 이런 일이 '현재' 미국의 유대인이나 흑인에게는 적용되지 않지만 안데스 지역의 인디언에게 적용된다는 사실은 상당히 흥미롭다.

안데스 지역에서 변화의 일반적 패턴은 각 개인이 자신이 태어난 고원의 인디언 촌락을 떠나 메스티조(원주민과 스페인계 백인의 혼혈 – 옮긴이)가 됨으로써 인디언의 배경을 버리고 거의 모든 메스티조의 지위를 뜻하는 상징을 택하는 것이다. 그러나 이렇게 메스티조가 된 개인은 자신이 꿈꿀 수조차 없는 도시 상류층이 지배하는 세계에서 경멸받는 '부랑아' 소수집단임을 깨닫게 된다.[7]

개인적 상향 이동이 가져온 이와 같은 불만스러운 결과를 위의 필자가 지적한 집단적 과정인 볼리비아 혁명의 결과와 비교해보자.

반면 이전에 볼리비아 인디언 촌락이었던 곳은 집단 그 자체

---

7 Richard Patch, "Bolivia: The Restrained Revolution", *The Annual of the American Academy of Political and Social Sciences*, no. 334, 1961, p. 130.

가 메스티조적인 특성을 택할 것인가 아닌가를 규제하는 기관이
었다. 그 누구도 남보다 '더 메스티조처럼' 보이려고 하지 않았
고 집단 내의 개인은 같은 속도로 나아갔다. 물리적으로 촌락을
떠나려는 강력한 동기도 없었고, 인디언의 행동 양식을 거부하
려는 동기도 없었다. 오히려 각 개인은 집단으로서 진정한 문화
적 변화에 참여하고 있었다. (……) 그 예로 어떤 사람이 스페인
어는 제대로 구사하지 못하면서 넥타이를 매고 다니면 깊은 경
멸의 대상이 되었기 때문에 서둘러 신분 상승의 상징을 획득하
려고 하지 않았다.[8]

이 사례와 유사하게 이탈리아 남부나 브라질 북동부처럼 하나
의 국가 내에서 많이 낙후된 지역을 대변하는 사람들은 '개인적
이주'나 '용광로' 모형을 통한 사회적 신분 상승보다는 '집단적 노
력' 방식을 선호했다. 다른 잘사는 지역을 따라잡으려는 계획에서
이 지역의 대변인들은 지역 주민이 외부로 이주해나가는 것에는
아주 작은 역할만을 부여했다. 이주가 지역의 지위 상승에 기여한
다기보다는 불행하게도 재능 있는 사람의 '출혈'로 이어진다고 여
겼던 것이다.

....

8 *Ibid.*

9 R. P. Dore, "Talent and the Social Order in Tokugawa Japan", in John W. Hall and
Marius E. Jansen, eds., *Studies in the Institutional History of Early Modern Japan*, Princeton:
Princeton University Press, 1968, pp. 349, 354. 마이클 영의 생각은 이보다 한발 더 나
아간다. 그의 반反유토피아에서는 개인적 이주로 상류 계급과 하류 계급이 점점 더 격
리되어간다. 마이클 영은 이렇게 말한다. "유아幼兒가 거래되는 암시장이 크게 성장할
것이다. 어떤 경우에는 엘리트 가정의 멍청한 아이를 지참금까지 주어서 하류 계급의

한 사회에서 전도유망한 하류 계급 아이들을 체계적으로 상류 계급으로 입양시키는 정책이 시행된다고 가정해보자. 몇몇 재능 있는 사람은 하류 계급에서 상류 계급으로 신분 상승하게 될 것이고, 그러면 사회적 격리가 극심한 경우보다 상류 계급이 하류 계급을 더욱 강력하게 장악할 수 있다는 사실이 한층 명확해질 것이다. 일본에서는 도쿠가와 시대에 이런 종류의 양자(養子) 제도가 시행되었다. 도쿠가와 시대는 '2세기 동안 평화와 안정'을 구가했던 시기다.[9]

실제로 불이익을 당하거나 억압을 당하는 집단이 신분 상승을 하려면 개인적 과정과 집단적 과정의 혼합, 즉 이탈과 항의의 혼합이 필요하다. 집단주의적 접근은 일이 어느 정도 진행된 중간 단계에 가장 두드러질 것이다. 사회적 균열이 오랫동안 지속되고 종교 혹은 인종 문제로 경제적 불평등이 강화될 때는 특히 집단적 접근이 필요할 것이다. 실제로 미국의 현실은 이데올로기와는 달랐다. 잘 알다시피 소수 인종들은 개인의 성공담이 누적되는 효과를 누렸을 뿐만 아니라 이익집단화를 통해 정치의 세부 영역에서 확연한 다수로 전환함으로써 그들의 영향력과 지위를 향상시켰고 국내 정치에서도 중요한 역할을 하게 되었다.[10] 그럼에도 흑인 민권

영리한 아이와 바꾸려 할 것이다." Michael Young, *The Rise Meritocracy*, New York: Penguin Books, 1968 edition, p. 184.

10 이런 생각을 강력하게 주장한 책으로는 다음을 참조하라. Christopher Lasch, *The Agony of the American Left*, New York: Alfred Knopf, 1969, pp. 134~141.

운동은 공개적으로 집단주의적 접근을 주창했으므로 상향식 신분 이동에 대한 완전히 새로운 접근을 대변한다. 충격적이게도 이러한 접근은 미국 사회의 최고 가치(한 집단에서 탈출한 개인의 성공 신화)를 비웃는 것이다.

이와 같은 최근의 항의를 제외하면 미국에서 이탈의 이데올로기는 지속적으로 강력했다. 이탈에 근거해 나라가 세워지고 이를 기반으로 번성했기 때문에 이탈이 근본적이고 유익한 사회 기제라는 믿음은 의심의 여지가 없었다. 양당제도나 경쟁적 기업 같은 제도에 대한 국가적 믿음이 강력한 것도 이탈로 설명할 수 있다. 두세 개의 거대 기업에 지배받으면서 이상적 경쟁 모델에서 멀어진 시장에 대한 국민들의 불신도 설명된다. 한 개인이 A라는 회사의 제품에서 경쟁사인 B사의 제품으로 충성심을 옮길 수 있다면, 국가가 이탈에 대해 품고 있는 애정의 기본적인 상징은 만족된 것이다.

그러나 사랑이 문득 증오로 변하듯 어떤 중요한 영역에서는 이탈을 그리 선호하면서도 그러한 이탈이 완전한 배척으로 바뀔 수도 있다. 이탈은 그 자체로 어느 정도 반대되는 힘을 나타나게 하는 것이다. 이민자가 모국을 떠나 타국으로 가는 것은 힘든 결정이고, 이때는 종종 강력한 정서적인 유대가 단절되는 등의 큰 대가를 치러야 한다. 그가 새로운 환경에 적응하기 위해서는 추가 비용을 지불해야 한다. 그 결과 많은 비용을 지불한 것을 선호하려는 강력한 심리적 충동을 느끼게 된다. 되돌아보면 '옛 조국'은 전보다 더욱 지긋지긋한 지옥으로 비쳐지는 반면 새 나라는 가장 위대한 '인류의 마지막 희망' 혹은 그와 유사한 최상급으로 선언될 것이다. 그리고 그는 행복해야만 한다. 이와 같은 집단적인 강박관념 때문에 행복이라는 단어는 다른 언어에서보다 그 뜻이 약화된 것으로 보인다. 뉴욕에 오랫동안 거주하다가 처음으로 독일인의 집회에서 만난 두 이민자의 예를 들어보자. 한 사람이 다른 사람에게 물었다. "당신은 여기에서 행복합니까?" 대답은 "나는 행복하지만 (독일어로) 행복하지 않습니다 I am happy, aber glücklich bin ich nicht."였다.[11]

한 나라에서 중앙은행이 최종 채권자이듯 미국은 오랫동안 '마지막으로 기댈 나라'였다. (선조가 노예였던 사람들을 예외로 치면) 대부분의 시민에게 미국으로부터의 이탈은 생각지도 못할 일이었다.

그러나 상황이 완전히 만족스럽지 않다면 그다음에는 어떤 일이 벌어질까? 고비용의 가입 조건이 충성심에 미치는 영향을 분석한 앞의 주장에 따르면, 사람들이 불편한 심기를 드러내는 시점이

---

11 영어가 아닌 다른 언어에서 '행복하다'라는 단어가 어떻게 쓰이는지 움베르토 사바의 시를 살펴보자. "In quel momento ch'ero giá felice / (Dio mi perdoni la parola grande / e tremenda)"를 대략 번역하면 "내가 아직 행복했던 그때에 / (신이여 위대하고 경외스러운 단어를 용서하소서)" 정도가 될 것이다. Umberto Saba, *Il Canzoniere*, Rome: Giulio Einaudi, 1945, p. 220.

늦춰질 것이라고 예상할 수 있다. 정확히 말하면 강박적인 행복감의 단계다. 그러나 불편한 심기를 더 이상 억누를 수 없는 상황이 도래할 것이다. 이때 다음과 같은 몇 가지 반응을 보일 수 있다.

(1) 이미 밝혔듯 또 다른 이탈을 감행하겠지만 이번 이탈은 (다행히도 광활한) 미국 내에서 이루어질 것이다.

(2) 분명 미국은 잘못될 수 없기 때문에 불행, 불만 등은 이러한 감정을 느끼는 개인의 탓이라고 생각한다.

(3) 결국 미국이 너무나도 분명하게 잘못한 것으로 밝혀진다면 다시 미국을 그렇게도 열망했던 이상적인 장소로 만들어야 한다. 그리하여 유례없이 강력한 항의의 목소리가 나올 것이다. 인간이 만든 제도는 완벽할 수 있고, 모든 문제는 해결될 수 있다는 전형적인 미국식 확신으로 인해 이러한 힘들이 더욱 활기를 불러일으킬 것이다. 미국 본래의 이상적 이미지에 맞추기 위해 행복해지려는 강박관념은 항의의 목소리를 내야 한다는 강박관념으로 바뀌게 된다. 실제로 미국이라는 나라가 이탈에 의해 탄생한 만큼 미국이 이룬 위대한 업적들은 이러한 강박관념에 의한 것이기도 하다.

미국의 상황에서 이탈에 대한 거부 반응이 나라를 떠나는 문제에만 국한된다면 그리 걱정할 필요는 없다. 하지만 최근 들어 이탈 현상은 상이한 그리고 별로 좋지 않은 양상을 띠고 있다. 미국의 공직자들이 자신이 동의하지 않는 정책에 항의하여 사임하는 것을 극도로 꺼리고 있는 것이다.

여기에서 앞서의 논의가 적합성을 갖게 된다. 미국 시민이 자기 나라에서 이탈할 수 없는 데는 여러 원인이 있는데, 공직자들이 정부로부터의 이탈을 고려할 경우 이를 약간 변형된 형태로 적용할 수 있다. 전자의 경우 '최고' 국가에서 이탈할 생각을 하기 힘든 만큼 후자의 경우에도 '최고' 국가의 정부이자 세계 최강 정부와 인연을 끊지 않으려는 지대한 욕망이 있다. 이와 같은 사임의 어려움은 정부의 정책에 강력하게 반대하는 것으로 알려진 정치적 반대자들, 이를테면 맥아더 장군이나 아들라이 스티븐슨^{Adlai Stevenson} 같은 사람들에게 적용된다. 1966년 후자가 처한 곤경은 『맥버드!^{MacBird!}』라는 책에 잘 풍자되어 있다. 이 책에서 '잘나 빠진 이 지식인'은 이탈과 항의를 저울질해보고는 이탈이 별로 매력적이지 못하다는 사실을 알게 된다.

큰 목소리를 내면 영향력을 잃게 된다.

탄원하고 기도해서 변화를 바랄 확률은 사라졌다.

안으로부터의 비판이 악마의 행위를 바로잡으리라는 것이

아직은 나의 희망이다.

이곳을 떠나는 것! 밖에서 안을 들여다보는 것!

이 외부적 존재, 이 친근하지 못한 땅,

어느 여행자도 다시는 되돌아오지 못한 곳…….

부수고 나가기 두려운 나는 안에서 변화를 위해 일하리니.[12]

미국 행정부에서 근무했던 제임스 톰슨 주니어는 고뇌 어린 2년 간의 전쟁 뒤에 고위 공직자들이 '심기 불편'해하면서도 존슨 행정 부와 결별하지 못한 이유에 대해 샅샅이 분석했다.[13] 가장 중요한 이유 중 하나는 반대자의 순치順治에 있었다. 톰슨이 명명한 반대자 의 순치란 베트남 정책에 회의적인 행정부 관료들에게 '공식적인 반대자' 혹은 '선의의 비판자'라는 역할을 부여하는 것이었다. 회 의주의자들은 이런 역할을 부여받으면 양심의 위로를 받지만 동 시에 그의 입장은 명확하고 예측 가능하게 드러난다. 그렇게 되면 회의주의자의 권력은 심각하게 손상되어 그의 입장은 무시된다.[14]

....

12 Barbara Garson, *MacBird!*, New York: Grassy Knoll Press, 1966, pp. 22~23.

13 James C. Thomson, Jr., "How could Vietnam Happen? An Autopsy", *Atlantic Monthly*, April 1968, pp. 47~53.

14 톰슨의 얘기를 들어보자. "일단 볼Ball이 의구심을 드러내자 그의 견해는 부드럽게 제 도화되었다. 그는 행정부에서 베트남에 관한 선의의 비판자 역할을 맡도록 부추겨졌 다. 결과는 피할 수 없었다. 전쟁이 확대되는 가운데 볼은 자신의 견해를 말할 기회를 주기적으로 갖게 되었다. 짐작컨대 볼은 기분이 좋았다(그는 정의를 위해 싸운 것이다). 다른

반대자들은 '팀의 일원으로서' '역할 분담'에 참여하고 있다는 조건하에 자신의 견해를 피력할 수 있다. 이런 방법으로 반대자는 그의 강력한 무기, 즉 반대 의견을 제시하며 사퇴하겠다고 위협하는 행동을 사전에 포기하게 된다.

이러한 거래는 특정 정책에 대한 회의주의자에게는 매우 불리한 것이므로 당연히 의문이 떠오른다. 왜 그는 대항하지 않았을까? 그 답을 찾다 보면 앞서 지적한 몇 가지 사실들을 떠올리게 된다. 무엇보다 먼저 정부의 명령이 지닌 잠재적 파괴력을 고려하면 최종 정책은 대립되는 두 의견인 '매파(강경파)'와 '비둘기파(온건파)'의 중간쯤에서 결정될 것이다. 그리하여 두 집단은 '내가 아니었더라면 더욱 끔찍한 결정을 했을 것'이라고 느끼게 된다. 특히 비둘기파는 아무리 '고난을 당하더라도' 자리에 남아 있는 것이 자신의 의무라고 주장할 것이다. 자기 주변에서 펼쳐지는 거대한 힘의 실체를 고려하면 자신의 영향력이 아무리 변변치 못할지라도 이를 행사해야 한다고 여기게 된다. 실제로 공공재로부터의 이탈에 관한 논의에서 드러났듯 비둘기파에게 엿보이는 이러한 문제 인식에는 핵심적인 진실이 담겨 있다. 그러나 정확하게 바로 이

....

사람들도 기분이 좋았다(그들은 비둘기파의 견해를 충분히 들었다). 서로 심기 불편할 일은 매우 적었다. 클럽은 그대로 남아 있다. 물론 볼이 침묵을 지켰거나 1966년 가을 사임하기 전에 떠났다면 상황은 더 빨리 악화되었을 것이다. 마지막으로 빌 모이어스Bill Moyers의 의구심 또한 제도화되었다. 그가 회의에 참석하면 대통령은 '아, 폭격 금지 씨Mr. Stop-the-Bombing가 오십니다'라며 우호적으로 그를 맞이한 것으로 알려져 있다."(49쪽) 미셸 크로지어가 정확히 지적한 것처럼 관료 조직 내의 권력은 예측 가능성과 역의 관계를 가진다. Michel Crozier, *The Bureaucratic Phenomenon*, Chicago: University of Chicago Press, 1964, ch. 6.

것이 문제의 원인이다. 이런 상황에서는 기회주의가 공식적인 의무감으로 합리화될 수 있다. 좀더 미화하자면 비밀스러운 순교라는 가면을 쓸 수 있다는 것이다. 이처럼 달콤하고 복합적인 동기유발이 주어진 상황에서 비둘기파는 자신의 정당화 논리와는 전혀 어울리지 않게 한층 강도 높게 지속적으로 기회주의적 행동에 빠져들게 된다. 비둘기파는 자신의 이탈이 상황에 미칠 영향력과 파괴력을 지나치게 과대평가하게 된다. 액턴 경Lord Acton의 유명한 발언을 한번 바꿔보자. "권력은 부패한다. 거대한 권력을 가진 나라에서는 심지어 자그마한 영향력이라도 거대하게 부패한다(액턴 경의 원래 발언은 "권력은 부패한다. 절대 권력은 절대 부패한다"이다 – 옮긴이)."

또 다른 방법으로, 이러한 상황에서 이탈이 대단히 무시될 것이라고 전망할 수 있다. 4장에서 주장한 것처럼 높은 품질군보다는 낮은 품질군에 속한 상품의 품질이 저하되는 경우 더욱 빨리 이탈이 일어날 것이다. 하질下質 혹은 중질中質 제품의 품질이 떨어지는 경우 가격이나 품질 면에서 빠지지 않는 다양한 대체재가 항상 존재하므로 소비자들은 쉽게 이탈할 수 있다. 상위 혹은 최상위 제품의 소비자는 자신이 선택한 상품에 실망하더라도 다양한 대체재를 접하기가 훨씬 어렵다. 따라서 이 소비자는 '내부에서 작업을 하기 위해' 훨씬 목소리를 높여 항의하게 된다. 그런데 세계의 주요 대국들보다 중소국 정부의 질이 악화될 경우에 이탈이 더 쉬울까? 어떤 잣대를 들이대더라도 분명 그렇지는 않을 것이다. 왜냐하면 후자의 상황에서는 시장 메커니즘을 예로 드는 것이 불가능하기 때문이다. 즉 자기 정부의 질이 떨어진다고 곧장 다른 정부로 '넘어가지는' 않는다. 그러나 유사한 방식이 작동할 수는 있다. 중소 국가는 '동료 국가'들이 많으므로 그러한 행태를 같은 부류의 다른 국가와 비교해볼 수 있다. 각 정부의 행동 기준을 파악해보면 이들 국가가 언제 비난받는지 알 수 있다. 반면에 강대국들이 지고 있는 특별한 책임과 의무를 고려한다면 그들에게 어느 정도는 일상적 기준을 적용할 수 없으므로 쉽게 유사한 비교의 기준을 찾기 어렵다. 이러한 또 하나의 이유 때문에 애석하게도 초강대국 정부로부터의 이탈이 잘 일어나지 않는 것이리라.

왜 '애석하게도'인가? 여느 조직과 마찬가지로 이탈은 정부의 성과라는 품질을 회복시키는 데 중요한 역할을 하기 때문이다. 이탈을 하면 정부를 개혁하거나 무너뜨릴 수 있겠지만, 어떤 경우에든 존경받는 구성원의 이탈이 불러온 동요는 종종 항의를 보충해주는 필수 불가결한 역할을 한다. 유진 매카시 상원의원이 대통령 선거에 뛰어든 것이 바로 이 경우에 해당한다. 그의 결정은 전체 판세에 지대한 영향력을 행사했다. 그의 출마는 민주당의 핵심 정치인들의 무리에서 이탈하는 것이었고 여당에 통용되던 전통적인 게임의 규칙(누구도 대통령의 재선 시도에 반대하지 않는다는 규칙)을 어기는 것이었다. 그러나 대통령의 몇몇 '측근들'이 점점 더 깊은 고뇌에 빠져들긴 했지만 어느 누구도 이 소란 속에서 이탈하진 않았다. 바버라 가슨Barbara Garson과 제임스 톰슨James Thomson이 처음 풍자적으로 비판한 이후 사임을 거부하는 행위는 점차 국가적인 문제, 심지어는 스캔들로 인식되기 시작했다. 제임스 레스턴James Reston은 사후에 존슨 행정부에 대해 다음과 같이 분석했다.

기록을 살펴보건대 미국 정부의 최고위직 가까운 자리에서 원칙을 가지고 사임하는 경우는 거의 사라진 것이 확실하다. 앤서니 이든Anthony Eden과 더프 쿠퍼Duff Cooper가 자신들의 견해가 정부 정책과 더 이상 동일시될 수 없는 이유를 분명하고도 자세하게 설명한 뒤에 체임벌린Neville Chamberlain 내각을 떠난 것과 달리

---

15 *The New York Times*, March 9, 1969. 또한 이전에 존 오스본John Osborne이 표했던 불만에도 주목해보자. "생각건대, 이제는 우리 시대의 공직자들이 원칙을 위해 사임하지 않는다는 것을 알아야 한다. (……) 조지 볼Groege Ball에게 당연히 바쳐야 할 경의를 표하면서 (……) 원칙을 위해 사임하는 것은 국정을 개선시키고, 또한 조지 볼이 개탄해 마지않았던 사태 인식과 판단상의 실수를 지연시키거나 방지할 수 있음을 말하지 않을 수 없다."(*The New Republic*, June 15, 1968, p. 27) 이 책에서 제시된 증거들을 수정하는 과정에서 다행히도 이러한 유형에 첫 번째 균열이 일어나는 것을 알아차릴 수 있었다. 1969년 10월 랜드 연구소에 소속된 여섯 명의 분석가들이 《뉴욕타임스》와 《워싱턴포

지금은 아무도 떠나지 않는다. (⋯⋯) (자리에 남아 있던) 대부분의 사람들은 전쟁이 확대되는 중요한 시점에 국가에 바쳐야 할 충성심을 대통령에게 바쳤다. 공직을 떠난 몇몇 사람들은 이제 이것이 진정한 국익이었는지를 의심하고 있다.[15]

그러나 이미 지적한 것처럼 이탈을 회피하려는 강력한 이유를 고려하면 이러한 글에 암묵적으로 나타난 도덕적 비난과 훈계는 그리 효과적이지 못하다. 차라리 이 책의 전반부에서 항의를 쉽게 하는 방법을 모색했던 것처럼 항의와 함께 이탈을 활성화시키는 제도적 장치를 고안하는 것이 더 도움이 된다. 이런 맥락에서 톰슨의 주장에 따르면 영국과 달리 미국 고위직에서 항의하며 사임하는 것은 '후퇴해서 들어갈 의회 의석'이 없는 탓에 특히 매력적이지 못하다.[16] 일반적으로 미국의 고위 공직자는 정치나 여론의 기반이 약하다. 이런 점에 있어서 각료나 여타 고위 공직자를 이익집단의 지도자 혹은 어느 정도 추종 세력이 있는 사람으로 충원해야 한다는 최근의 문제 제기는 세심한 연구가 필요하다. 모르긴 해도

스트》에 조심스럽다고 판단한 문건을 보냈다. 이들은 이 문건에서 미군이 베트남에서 일방적으로, 신속하게, 완전히 철수할 것을 주장했다. 사안의 성격상 언론과 이처럼 직접적으로 의사소통을 하는 것은 항의의 일종으로 사임과 매우 가깝다. 이것은 랜드 연구소가 국방성과의 계약하에 국가정책을 위해 일해야 하는 데 대항하는 시민적 항의다. 이들 항의자는 사임하지 않았지만 분명 '쫓겨날' 위험을 감수했다(*Washington Post*, October 12, 1969). 이 책이 새 판을 찍기 시작할 무렵(1971년 9월)에 알려진 한 가지 흥미로운 사실이 있다. 이탈과 항의 두 가지 방식을 엮은 그 편지의 작성을 주도한 것은 대니얼 엘스버그[Daniel Ellsberg]였다고 한다.

16 Thomson, *op. cit.*

이런 데서 온 사람들은 한 통속의 덫^{member-of-the-team trap}이라고 불리는 함정에 잘 빠져들지 않을 것이다.

9장

이탈과 항의의
최적 조합은
왜 어려운가

—

이제까지의 논의를 통해 이탈과 항의, 충성심이란 무엇이며, 이
들이 발현되는 다양한 양상을 살펴보았다. 조직이 퇴보하는 상황
에서 구성원들은 쉽사리 빠져나가고 조직은 이들의 이탈보다 항
의에 더욱 민감하다고 가정해보자. 이때 조직은 이탈에 대한 민감
성을 높여야 하고, 구성원들은 항의에 강도를 더하는 것이 조직의
원상복구에 효과적이다.

하지만 이런 말끔한 정리로 모든 것을 설명할 수는 없다. 어떤 방
식이 이탈과 항의의 가장 효과적인 조합인지 묻는다면, 단정적인
답변을 하기 어렵다. 회복을 위한 메커니즘이 작동될 때조차도 퇴
보에 발디디고 있는 세력이 조직에 계속 힘을 불어넣기 때문이다.
항의와 이탈의 조합은 일시적으로 최적일지언정 언제든 불안정해
지려는 본래적 경향성을 갖고 있다. 어쩌면 이것이 긍정적이든 부
정적이든 조직이 가진 역동성일 것이다.

■

이 책의 전반부에서는 기업이나 조직이 초기의 잘못에서 벗어나 효율성을 되찾는 경우 이탈이 항의 방식을 몰아내고 책임을 떠맡는 상황에 대해 많이 논의했다. 그 결과 어떤 상황에서는 항의 방식이 원상회복을 위한 훌륭한 메커니즘으로 작동하므로 적합한 제도로서 강화될 충분한 자격이 있음을 살펴보았다. 모든 일에는 균형감이 필요하므로, 마지막 부분에서는 나의 관심을 돌려 사람들이 거의 모두 이탈을 회피하는 바람에 조직이 효과적으로 원상회복하지 못했던 상황을 살펴보았다. 이제 모든 논의가 한 순배 돌았으니 곧 마칠 시점이다. 그러나 그간의 논의를 돌아보면 바로크풍의 복잡하고 수많은 장식물들이 있었으므로 마지막 장은 좀더 짜임새 있게 마치는 것이 좋겠다.

먼저 지금까지의 논의를 간단히 정리해서 조직의 이탈과 참여를 두 가지 대응 방식으로 분류한 아래의 도표를 살펴보자. 여기에 제시된 각 유형에 들어갈 조건들이 무엇인지 그리고 각 유형의 경계에는 무엇이 있는지는 이미 지적했다.

조직원의 강력한 반응 양식		이탈	
		예	아니요
항의	예	자발적 결사체, 경쟁적 정당, (예를 들면) 소수 구매자를 대상으로 제품을 판매하는 기업	가족, 종족, 국가, 교회, 전체주의가 아닌 일당 지배적 정당
	아니요	고객과의 관계에서 경쟁적인 기업	전체주의적 단일 정당, 범죄 조직

이 도표는 기본적으로 두 가지 유형의 조직을 비교한다. 한 유형의 조직은 경쟁시장의 기업처럼 항의 방식으로는 거의 정보를 접하지 못하고 본질적으로는 이탈을 통해 구성원/고객의 불만에 관

한 정보를 얻는 조직이고, 또 다른 유형의 조직은 전통적인 의미의 인간 집단으로, 이 집단에서의 이탈은 거의 사례가 없는 반면 이 집단의 구성원들 사이에서는 변별적인 항의가 가능하다. 이탈과 항의가 모두 매우 중요한 역할을 하는 조직들은 상대적으로 소수인데, 그중 가장 중요한 경우는 여러 유형의 자발적 결사체다. 이를 좀더 자세히 분류하면 가장 중요하게는 경쟁적인 정당체제가 있다. 그리고 기업의 특정 부류의 고객들은 종종 이탈 대신 기업의 정책에 영향력을 발휘하려는 시도를 할 것이다.

조직의 구성원이 이탈과 항의를 전혀 하지 않는 조직은 아마도 없을 것이다. 이탈과 항의가 완전히 부재하는 조직이 있다면, 그런 구조를 만든 것은 분명 이탈과 항의 가운데 어느 것도 허용하지 않기 위해서일 것이다. 이러한 조직에서 이탈은 반역이고, 항의는 하극상이다. 이런 조직들은 다른 조직에 비해 장기간에 걸쳐 살아남기 힘들다. 항의와 이탈이 모두 불법이라서 심한 징계를 받게 되므로 구성원들은 조직이 너무 쇠퇴하여 회복이 불가능하거나 혹은 회복이 바람직하지 않을 때가 되어야 겨우 나설 것이다. 더욱이 이 시기에 도달하면 항의와 이탈이 발휘하는 힘이 막강해지는 탓에 결국 조직은 파괴될 것이다.

반면 이 도표에서 두 가지 피드백 메커니즘을 모두 갖춘 조직이 오직 한 가지 피드백 메커니즘을 가진 조직보다 발달하거나 오래 살아남을 수 있다는 암시는 없다. 모든 것은 조직의 메커니즘 혹은 그 메커니즘의 조합에 대한 조직의 반응에 달려 있다. 이탈 장치를 갖춘 조직이 고객 혹은 구성원을 잃는 데 극도로 예민한 것이 가장 바람직하다. 비슷한 이유에서 항의 장치를 갖춘 조직이 구성원들의 불만과 항의를 심각하게 받아들인다면 이 역시 바람직하다. 그러나 어떤 조직이 자신이 야기한 특정 반응에 특별히 예민하게 반응하지 않거나 혹은 예민하게 반응할 장치를 갖추고 있지 않다면 어떻게 할 것인가? 이 책의 상당 부분에서 다룬, 부적절하거나 잘못된 반응이 일어나는 경우를 포함하면 다음과 같은 도표로 요약할 수 있다.

		조직이 퇴보할 때 구성원의 반응	
		이탈	항의
조직이 예민하게 반응하는 피드백 방식	이탈	경쟁적 기업 (자격 조건은 2장을 참조할 것)	반대가 허용되지만 그것이 (순치를 위해) '제도화'되어 있는 조직
	항의	대체재의 경쟁에 직면한 공기업, 게으른 과점체제, 기업-주주 관계, 도시 중심부 등	구성원들의 충성심을 상당히 확보하고 있고 민주적으로 반응하는 조직

여기에서 가장 큰 관심거리는 당연히 조직이 설계해둔 반응 장치에 조직이 반응하지 않는 '전도順倒된' 혹은 병리적인 경우다. 이때 품질이 하락하면 사람들은 어떤 형태로든 느낌을 표현하겠지만 경영진은 공교롭게도 사람들의 특정 반응에 이미 익숙해져 있거나 무감각해서 잘못된 방향을 바로잡아야 한다는 필요성을 느끼지 못한다. 4장과 5장에서 자세히 살펴본 이런 유형의 조직은 퇴보할 경우 구성원의 이탈이 나타나지만 경영진은 항의는 물론 이탈에도 전혀 개의치 않는다. 그러나 8장에서 논의한 경우는 이와 정반대다. 존슨 행정부의 경우 업무 성과가 악화되어 많은 사람들이 항의했지만 별 소용이 없었다. 이 경우에는 이탈 방식이 더 효과적이었을 것이다.

조직의 퇴보는 개인들에게 한 종류의 반응을 불러일으킬 수 있지만 조직이 회복될 때는 또 다른 종류의 반응이 더욱 강력한 자극제가 될 수 있다는 일반적인 관찰에서 몇 가지 결론이 도출된다. 이런 공식은 조직의 퇴보에 다양한 치료법이나 몇 가지 치료법의 조합이 있다는 사실을 알려준다. 조직이 퇴보하면 구성원들은 이탈하기 쉽지만 조직 자체는 구성원의 이탈 방식보다 항의 방식에 더욱 민감하게 반응하는 경우를 들어보자. 이를 바로잡으려면 조직이 구성원의 이탈에 민감하게 반응하는 방법을 고려해야겠지만, 이밖에도 조직의 구성원을 이탈에서 항의 쪽으로 바꾸려는 노력도 고려해야 한다. 이러한 방식으로 가능한 교정 방법을 늘릴 수 있는 것이다. 철도를 예로 들어보자. 철도가 고객 감소에 적극적으로 반응하지 않는 경우 더 강력한 '재정 통제 원칙'을 도입해서 파산의 위협에 처한 사기업처럼 경영진이 이윤 손실에 반응하게 만들라고 제안할 수 있다. 이에 대한 대안적 혹은 보충적 방식으로 고객의 항의 방식을 강화하는 교정 방법에 눈을 돌리는 것도 분명 의미가 있을 것이다. 즉 고객의 항의 비용을 줄이거나 또는 항의에 대해 보상하는 직접적인 방식, 아울러 이탈 비용을 높이거나 심지어는 이탈의 기회 자체를 줄이는 간접적인 방식을 통해 대안적 혹은 보충적 방식을 시도해볼 수 있다.

이와 유사하게 어떤 조직이 고객의 항의를 불러일으키면서도 이를 무시한 채 고객의 이탈에만 민감하게 반응하는 경우 제도를 새롭게 디자인하여 고객의 이탈을 손쉽고 매력적으로 만들거나 고객의 항의에 조직이 더욱 민감하게 반응하도록 만드는 두 가지 방식 모두에 관심을 기울여야 한다. 여기에서 제안하는 제도의 개선을 통한 접근법은 흔히 고려하듯 정책에 대한 선택의 폭을 넓힘으로써 정치학자나 경제학자가 자연스럽게 한쪽만을 선호한 결과인 이탈 혹은 항의 방식이라는 서로 강력하게 대립하는 편견을 피할 수 있게 해준다.[1]

그러나 이러한 접근법이 할 수 없는 일에 대해서도 주목할 필요가 있다. 이 책의 접근법은 어떤 이탈 혹은 항의의 혼합이 최적이라는 확고한 처방을 내리지는 않는다. 더구나 각각의 제도가 시행착오를 거치면서 점진적으로 그것에 고유한 혼합이 필요하다는 생각에도 동조할 생각이 없다. 어떤 특정 시점에서 두 가지 방식 중 하나가 모자란다고 말할 수는 있겠지만 장기적으로 어떤 방식이 가장 효과적인 혼합이라고 단정적으로 말하기는 어렵다. 그 이유는 간단하다. 각각의 회복 메커니즘은 그 자체로 이 책에서 계속 제기했던 퇴보의 세력에 노출되어 있기 때문이다. 이런 말을 하는 것은 철학적인 일관성을 유지하기 위해서이기도 하지만 좀더 세속적인 이유 때문이기도 하다. 이미 언급한 것처럼 경영진이 조직 내에서 갖는 단기적인 이익은 자신의 행동을 자유롭게 한다. 그러므로 경영진은 그것이 이탈이든 항의든 고객/구성원이 휘두를 수 있는 무기를 묶어두고, 피드백 메커니즘으로 작동해야 할 방식들을 안전장치로 바꾸려고 노력할 것이다. 그렇게 되면 8장의 마지막에서

----

1 1장에서 언급한 프리드먼의 교육 정책에 관한 논의를 보라.

언급한 것처럼 항의 방식은 제도화와 순치의 거세 과정에 반대자를 가두는 '김 빼기'에 지나지 않는다. 유사한 방식이지만 이탈 방식도 날이 무뎌진다. 이미 보았듯이 분명하게 서로 경쟁 관계이기 때문에 고객의 이탈에 민감한 조직이나 기업은 서로 협력하고 담합하는 게임을 익혀가는 과정에서 상대방을 불만스러워하는 고객/구성원을 취하게 된다. 경쟁사나 조직 간에 이러한 게임이 성공적으로 진행되는 동안은 고객의 이탈이 새로운 고객의 진입으로 상쇄되기 때문에 퇴보하고 있는 조직에 심각한 위협이 되지 못한다.

그러므로 경영진이 특정 환경에서 고객/구성원이 선호하는 대응 유형의 효과를 감소시킬 방법을 찾는 동안 고객/구성원은 자신의 대응 방식에 더욱 매진하면서 다른 방식의 힘을 빼기 때문에 경영진의 노고를 덜어주게 된다. (특히 항의 방식과 관련해) 여러 차례 언급한 것처럼 완전히 익숙하지 않은 대응 방식의 효과는 더욱 불분명하고 점차 평가절하되는 경향이 있다. 왜냐하면 선호하는 방식은 평소에 익숙한 반면 덜 익숙한 방식을 효과적으로 실행하려면 이 방식이 어떤 힘이 있는지 찾는 과정을 거쳐야 하기 때문이다. 눈앞에 나타나기 전까지는 창조적 발견을 믿기 어려우므로 이탈 방식이 지배적일 때는 항의 방식의 효과가 평가절하되고, 그 반대의 경우도 마찬가지다. 이를테면 일단 구성원들이 이탈 방식보다 항의 방식을 약간이라도 선호한다면 이탈 방식이 덜 매력적으로 보이고 실현 가능성도 적어 보이는 누적 효과가 나타난다. 그 결과 경영진이 항의 방식에 취약해지는 것을 막기 위해 분주해하는 동안 다른 한편에서 구성원들은 점차 항의 방식에 의존하게 된다.

이러한 이유 때문에 안정적이면서 최적으로 혼합된 항의와 이탈 방식의 출현에 호의적인 조건을 찾아내기가 쉽지 않다. 전적으로 하나의 방식에 의존하려는 경향과 그 방식의 효과가 저하되는 경향이 나타날 것이며, 지배적인 방식의 부적합성이 쉽게 드러날 때쯤에야 결국 다른 방식을 다시금 주입할 것이다.

최근 랠프 네이더의 주도적인 계획과 용기에 힘입어 이탈 방식이 지배적이고 배타적으로 행사되었던 영역에 소비자들의 항의가 급작스럽게 도입되었다. 이 새로운 방식은 충격 효과를 일으켜서 고무적인 결과를 이끌어냈다. 반대로, 항의 방식이 지배적인 반응 유형일 경우 이탈 방식이 유사한 활기를 불어넣을 수 있다. 이에 대해 왜 그럴까라는 질문, 즉 항의를 통해 '안으로부터 작동해서'

얻는 이득이 낮아지는 경우 갑자기 이탈이 영향력을 발휘하는 이유는 무엇일까라는 질문이 가능하다. 이탈 방식은 (어떤 사람이 조직의 구성원일 때 가졌던 것보다) 많은 영향력을 얻기 위한 방법으로는 잘 채택되지 않는다. 그럼에도 종종 그런 일이 일어나며, 특히 이탈이 아주 희귀한 사건일 경우 그렇다. 사회심리학자들은 "의사소통의 원천이 사라지면 유리한 쪽으로 견해를 바꾸게 된다"는 점을 지적한다.[2] 떠난 자에게는 '대꾸할 수' 없으므로 뒤로 물러나 있었던 사람들에게 상대방의 이탈은 불안한 것이다. 이탈자는 이탈로써 상대방이 자신의 주장에 답변할 수 없게 만드는 것이다. 역사적으로 순교자들의 막강한 영향력은 이러한 맥락에서 이해될 수 있다. 순교자의 죽음은 가장 되돌리기 힘든 이탈이고, 가장 반박하기 힘든 주장이기 때문이다.

최적 혼합 개념에 대한 이러한 비판에 근거하여 세 가지 제안을 해보자. 두 가지의 반응 방식 가운데 주로 하나에만 의존하는 조직이 퇴보하는 경우, 이를 타파하는 능력을 확고히 하기 위해서는 때때로 다른 쪽의 반응 방식을 주입할 필요가 있다. 그렇지 않은 조직들은 이탈과 항의 방식이 교대로 주도적인 역할을 하는 규칙적인 순환 과정을 거쳐야 한다. 마지막으로, 제도를 개선하려면 항의

----

2 Serge Moscovici, "Active Minorities, Social Influence and Social Change", a paper prepared at the Center for Advanced Study in the Behavioral Sciences, 1968~1969, p. 31. 모스코비치는 이 견해를 뒷받침하기 위해 셰리프Muzafer Sherif와 호브랜드Carl I. Hovland의 실험 결과를 인용하고 있다.

와 이탈 방식 모두 건강하게 유지되어야 하고, 바로 이러한 제도 개선에서 항의와 이탈의 그 어떤 최적 혼합도 불안정해지려는 본래적인 경향성이 있음을 인식할 필요가 있다.

이 책이 직접적인 영향력을 가졌으면 하는 바람을 가져본다. 그것이 무엇이든 현재 무시되고 있는 반응 유형의 숨겨진 잠재력을 이끌어내 이탈 혹은 항의 방식을 택하도록 고무시킬 수 있을 것이다. 글쓰는 자의 꿈이 적어도 이 정도는 되어야 하지 않을까.

부록

—

본문에서 다루지 못한 세부적인 내용들을 부록에 담았다. 부록 A
에서는 수요와 품질의 함수관계를, 부록 B에서는 구성원의 영향
력 및 위험을 감수하는 태도와 이탈-항의 사이의 함수관계를 다
루고 있다. 부록 C와 부록 D는 전문가적 재화가 갖는 특징에 초
점을 맞춰서, 가격과 품질의 변화에 따라 이탈의 양상이 어떻게
달라지며 이때 소비자들의 반응이 어떠한지 살펴본다. 부록 E에
서는 가입 조건이 엄격할 경우 이것이 집단 활동에 어떤 영향을
미치는지를 살펴보고 있다. 이에 관한 아론슨-밀스와 게라르드-
매슈슨의 실험을 검토해본 후, 실제로 좀더 정교한 실험을 위한
디자인을 고안해본다.

단순 도형으로 살펴본
이탈과 항의[1]

　전통적인 수요함수를 조금만 변경하면 품질 저하로 인한 이탈과 항의가 어떤 방식으로 나타나는지를 알 수 있다. 우선 항의가 일어날 가능성이나 항의가 나타내는 효과와 무관하게 수요의 품질 탄력성, 즉 품질 저하가 일어나면 소비자가 보이는 이탈 방식은 일정하다고 가정하자.

　〈도표 2a〉는 수요가 제품 가격의 함수가 아니라 수직 폭을 따라 측정된 품질과 함수관계임을 보여준다. 출발 지점에서 멀어질수록 품질은 낮아진다. 이와 같은 방식으로 수요곡선은 일반적인 하향곡선을 유지한다. L_0점이 평소 품질을 나타내고 L_1점은 경영진의 태만이 나타난 이후의 품질을 보여준다. 〈도표 2b〉의 수직축은 통상적인 제품의 단위 가격을 나타낸다. 상품 단위당 가격은 불변

1　이 책의 69~70, 86~90쪽을 참조하라.

인 가운데 품질이 L_0에서 L_1으로 하락하면 수요는 Q_0에서 Q_1으로 하락하고 감소하는 총수익은 〈도표 2b〉의 사각형 $Q_1Q_0P'_0T'$이다. 이 영역이 이탈 혹은 'E' 사각형이다. 이와 같은 수입 손실이 기업의 이윤을 얼마나 줄일지 혹은 아예 없애버릴지는 이 도형에는 나타나 있지 않은 비용 조건에 달려 있다.

반면에 항의 방식은 존재하지 않는 고객 $0Q_1$의 크기와 〈도표 2a〉에 나타난 품질 하락의 정도인 L_0L_1에 달려 있다. 그러므로 예상되는 항의 규모는 사각형 $L_0TP_1L_1$에 비례할 것이다. 이것이 바로 항의 혹은 'V' 사각형이다.

일반적으로 E와 V 사각형은 직접적인 합산 효과가 있는 것은 아니다. 그러나 품질이 하락하면 이탈과 항의는 어떻게 해서든 경영진에게 영향력을 행사하기 위해 결합하게 된다. 총효과 중에서 각각의 방법이 점하는 비율을 측정할 수 있다면, 품질 하락에 대한 가격 도표를 수직선상에 나타낼 수 있으므로(〈도표 2b〉) 각각의 영향력 점유분은 E와 V 사각형으로 나타난다. 〈도표 2〉를 살펴보면 L_0에서 L_1으로 품질이 하락할 때 이탈 방식이 항의 방식보다 두 배의 효과가 있다. 만약 일정 범위 내에서 항의/이탈 방식의 효과가 모두 사각형의 크기에만 달려 있다면, 기업에 가해질 수 있는 총압

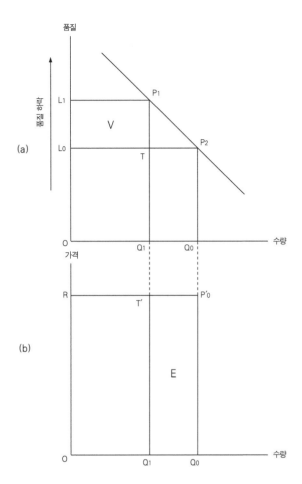

〈도표 2〉 수요가 품질과 함수관계일 때의 이탈과 항의

력에서 항의와 이탈 방식의 점유분을 정하는 결정적 요소는 수요와 품질 탄력성일 것이다. 즉 탄력성이 높으면 이탈/항의 방식의 총효과가 높다. 물론 이 경우 항의 방식이 감소하면서 발생하는 원상회복에 대한 부정적 효과는 이탈 사각형의 증가로 상쇄되고도 남는다는 기본 가정이 필요하다.

고객들이 불평을 하면 기업의 직원들이 시간을 빼앗기게 된다. 다시 말해 항의 방식은 경영진에게 직접 비용을 부과해서 불량 제품이 '교정되거나' 교환되게 하는 것이다. 이 주장이 맞는다면 항의 방식은 〈도표 2b〉로 표시한 바와 같이 직접적으로 금전적 효과를 가져온다. 예를 들어 실재하지 않는 고객의 절반이 불평을 토로하고 불만의 평균치가 제품 가격이 절반에 이르는 비용을 유발한다고 가정해보자. 그렇다면 항의 방식은 사각형 $0RT'Q_1$의 4분의 1에 해당하는 금전적 손실을 끼치는 것이다(항의 방식은 이윤에 직접 작용하지만 이탈 방식은 수입을 통해 이윤에 작용한다). 그러나 합의 방식의 효과가 이렇게 화폐 단위로만 측정되는 것은 아니라는 사실에도 주목해야 한다. 이와 관련해서는 144~147쪽을 참조하라.

이탈과 항의 사이의 선택 [2]

이번에는 품질이 하락하는 상품을 구매한 고객(혹은 구성원)의 관점에서 이탈할 것인가 혹은 항의할 것인가의 대안적 선택을 도식적으로 탐구해보자. 〈도표 3〉에서 품질은 수평축에 표시되어 있고(이번 경우에는 품질이 좋아질수록 원점에서 멀어진다) 수직축은 소비자가 평가하기에 항의 방식이 품질 개선에 미칠 효과를 누적적 확률로 계측해서 표시한 것이다. 원래의 '평상적인' 품질을 Q_n이라고 하고 품질이 Q_0점까지 하락했다고 가정해보자. 사각형 $0Q_0QnQ'n$ 내의 모든 지점은 고객이 개선 가능하다고 추정하는 확률에 따른 품질 개선이 일어나는 곳을 나타낸다. 고객들은 Q_0일 때 낮은 수준의 개선이 (적당한 시간 내에) 일어날 확률이 높은 경우와 높은 수준의 개선이 일어날 확률이 낮은 경우 사이에서 차별성

....

2 이 책의 90~96쪽을 참조하라.

을 느끼지 못할 것이다. 이런 종류의 두 가지 무차별곡선이 그려졌다. 이 무차별곡선은 고객이 더 많은 품질 개선을 위해 낮은 품질 회복 확률을 받아들이는 정도가 점점 줄어들 것이므로 원점을 향해 볼록한 형태로 나타날 것이다. V_1, V_2, V_3점은 항의 방식이 완벽하게 성공적 결과를 거둔 것을 나타내고 있다. 이 모든 경우 품질은 '평상' 수준으로 회복되지만 이러한 회복이 일어날 확률에는 차이가 있다.

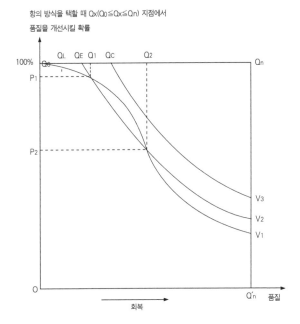

〈도표 3〉 구성원의 영향력 및 위험 감수 태도와 이탈-항의 사이의 함수관계

Q_E와 같은 점은 이탈 방식의 채택을 의미한다. 이 지점은 Q_0와 Q_n 사이에 있으므로 Q_0점보다는 우수하지만 Q_n점보다는 품질이 떨어지는 경쟁재 혹은 대체재를 나타낸다. 현재 하락하는 품질이 Q_n에 위치할 경우 소비자가 경쟁재를 선택하지 않으려면 경쟁재가 Q_n점보다 왼쪽에 위치해야 한다(즉 경쟁재의 품질이 본래 제품의 품질보다 떨어져야 한다). 이 도표를 직설적으로 해석해보면, 두 경쟁재의 가격은 동일하다고 가정했지만 나중에 설명했듯 Q_E점은 가격과 품질 면에서 기존 제품과는 차별성을 가진 경쟁재를 대표하는 것으로 보면 된다.[3] 좌표상의 Q_E점은 항의의 경우와 다르게 이탈이 어떤 결과를 불러일으킬지가 불확실하지 않음을 나타낸다. 즉 경쟁재가 손쉬운 대안으로서 항상 존재하는 것이다. Q_E점을 지나는 무차별곡선(Q_{EV_2})은 소비자가 이탈할 것인가 혹은 항의의 결과를 기다릴 것인가를 망설이게 하는, 개선된 품질의 수준과 품질 개선의 확률 조합이 모인 지점이다. 그러나 $0Q_0Q_nQ'_n$ 사각형에서 Q_{EV_2} 무차별곡선의 오른쪽 위에 있는 모든 점들은 항의와 이탈 방식 간의 경쟁에서 항의 방식이 우세한 조합들을 나타낸다. 반면에 Q_{EV_2} 곡선의 왼쪽 아래는 E보다 열등한 조합들을 나타내므로 이탈로 이어질 것이다.

---

3 이 책의 '부록 D', 주 4를 참조하라.

이탈과 항의 방식 간의 선택은 실제 상황으로 나타난다. 이 상황에서 효용 함수를 구성하려면 폰 노이만-모르겐슈테른von Neumann-Morgenstern의 효용 이론이 제시하는 선택의 문제와 마주하게 된다. 고객/구성원은 두 가지 대안적 행동 경로 중에 선택을 하게 된다. 하나(이탈)는 100퍼센트 확실한 결과를 가져오는 반면 다른 하나(항의)는 두 가지 결과에 이르는 복권 방식 혹은 확률적 혼합을 구성한다.

이론이 제시하듯 두 가지 결과 중에 하나는 이탈 방식보다 나은 결과를 가져오지만 다른 하나는 이탈 방식보다 열등한 결과를 가져온다(혹은 분명히 우월한 것은 아니다). 항의 방식을 택하려는 사람들이 생각하는 특별한 확률을 p라고 하면 이 p는 항의 방식을 택하면 적어도 Q_0 이상의 품질 개선을 이룰 것이라는 가능성을 말한다. Q_0점에 위치한 의사결정자는 Q_E와 확률적 혼합 [p,$\overset{\geqq}{Q_x}$; (1-p), $\overset{<}{Q_x}$] 간의 선택에 직면한다. 이 공식에서 $\overset{\geqq}{Q_x}$는 Q_x보다 높거나 (그래서 Q_n까지 갈 수 있는) 동일한 모든 품질을 뜻하며, $\overset{<}{Q_x}$는 Q_0부터 (Q_x점은 제외한) Q_x까지의 품질을 뜻한다. 무차별곡선은 확률 p와 품질 Q_x가 서로 상쇄하며 변화한 결과다. 확률 p가 1일 경우(즉 항의 방식을 택할 때 어떤 결과를 가져올지 확실한 경우) Q_x가 Q_E보다

작다면 언제나 고객들은 이탈 방식을 택할 것이고, Q_X가 Q_E보다 크다면 언제나 항의 방식을 택할 것이며, Q_X와 Q_E가 같다면(항의에 비용이 들지 않고 항의의 결과가 즉시 나타난다는 가정을 한다면) 고객들은 두 선택 방안에 차별을 두지 않을 것이다.

따라서 확률이 100퍼센트인 경우 어떤 방식을 택할 것인가는 오로지 Q_0나 Q_n과 관련하여 Q_E의 위치가 어디인가, 즉 경쟁 상품이 기존 제품을 얼마나 대체할 수 있을지에 달려 있다. 그러나 항의 방식이 어떤 결과를 가져올지가 확실하지 않다면 항의 방식에 따르는 위험을 감수할 의지는 분명 고객들의 의사결정에 추가적으로 중요한 요인이 될 것이다.

자신이 어느 방식을 선호하는지 알고 있는 동시에 항의 방식을 선택하려는 (다른) 고객도 항의가 실제로 어느 정도의 확률로 얼마나 품질을 개선시킬지 예측을 하는 것으로 가정할 수 있다. 그 결과 확률분포는 $Q_0 V_1$과 같은 '영향력 곡선'이다. 이 곡선에 따르면 항의 방식을 채택하면 Q_0 이상으로 품질을 개선할 확률을 보여준다. 영향력 곡선은 누적확률분포다. 만일 분포가 정상 형태라면 누적분포는 S자 형태일 것이다. 항의 방식의 결과가 0이거나 그보다 좋을 확률이 100퍼센트이기 때문에 Q_0에서 시작한 곡선은 항의 방식을 택할 때 일어날 확률이 가장 높은 결과 근처에서 급격하게 떨어질 것이다. 또한 항의 방식을 택하면 품질이 원상회복될 확률이 0보다 높을 것이라는 낙관적 가정을 할 수 있으므로 $QnQ'n$선이 중간 차단될 것이다.

영향력 곡선과 Q_E점을 통과하는 무차별곡선의 위치로부터 소비자가 항의와 이탈 중 어느 것을 택할지 판단할 수 있을까? 불행히도 그것은 쉽지 않다. 여기서 알 수 있는 것은 양 곡선 간의 교차 지역이 넓을수록 항의 방식을 채택할 가능성이 더욱 커진다는 것이다. 항의 방식에 따른 품질 개선이 이탈 방식에 따르는 다양한 품질 개선 가운데 적어도 최소한의 기준치를 능가한다면 이탈 대신 항의를 선택할 것이다.

유사한 이유로, 항의 방식의 성공 확률 가능성이 (또다시 이탈 방식이 다양한 형태로 채택 가능하다는 관점에서) 소비자가 관심을 가지는 다양한 확률 중에 수용 가능한 위험성의 최대치를 능가한다면 소비자는 항의 방식을 선택할 것이다. 현재 논의 중인 경우를 보면, 소비자가 바라는 품질 개선 정도가 Q_1과 Q_2 사이이거나 수용 가능한 위험도가 P_1과 P_2 사이라면 소비자는 항의 방식을 택할 것이다. 그러나 소비자가 품질이 완전히 원상회복되기를 바라

거나 위험 부담이 P_1점보다 낮기를 바란다면 이탈 방식을 선택할 것이다.[4]

이 책의 곳곳에서 강조한 것처럼 항의 방식은 구성원들이 이를 사용할 의도가 있는 경우에만 효과를 거둘 수 있다. 이에 따라 이탈과 항의 중 양자택일을 해야만 하는 시점에서는 항의 방식의 효과는 평가절하될 것이다. 이러한 평가절하를 상쇄할 방안은 품질이 하락하는 제품이나 조직에 대한 충성심으로 인해 이탈 비용이 너무 높다는 사실을 인지하는 것이다(7장 참조). 지금 살펴보고 있는 도표로 설명하면, 충성심으로 인한 과도한 이탈 비용은 Q_E점을 왼쪽, 예를 들면 Q_L점까지 이동시킨다. 다시 말해 경쟁재의 품질이 매력적으로 느껴지는 경우는 본질적으로 그 품질이 우월할 때가 아니라 기존 제품을 능가하는 우월성이 이탈에 따르는 '불충不忠 비용'을 상쇄하고도 남을 때다. 당연히 Q_L점은 Q_0점의 왼쪽에 있고 이 경우 항의 방식은 완전히 배제될 것이다.

이상의 설명에서 보듯 이 도표는 항의 방식에 따르는 직접 비용이 얼마인지를 알려준다. 항의에는 돈과 시간이 들어가므로 항의 방식을 취하려면 그에 의한 품질 개선이 이탈에 따르는 품질 개선보다 훨씬 높아야 한다. 그렇지 않으면 고객은 항의를 하지 않을

---

4 이탈과 항의 중에 선택을 해야만 하는 고객이 확률분포의 기대값만 고려한다면 그들이 우려할 분포점은 오직 하나다. 이 지점의 위치는 Q_E점을 지나는 무차별곡선과의 관계를 통해 결정될 것이다.

것이다. 만일 Q_EQ_C가 항의 방식을 택하기 위해 요구되는 추가적인 품질 개선이라고 한다면 Q_E가 아니라 Q_C에서 출발하는 무차별곡선이 이탈과 항의 영역의 경계가 될 것이다.

분석을 한 단계 더 진전시켜서 다양한 항의 방식의 양과 강도에 상응하는 일군의 영향력 곡선을 그려볼 수도 있다. 이 경우 상이한 항의의 양에는 상이한 비용이 부과될 것이며, 따라서 이론적으로는 '비용'을 초과하는 '이득'을 극대화하는 최적 항의의 양을 규정할 수 있다. 도표에서 보듯 특별한 영향력 곡선이 이와 같은 최적 곡선으로 나타난다. 각 개인이 내는 항의의 목소리가 고객 전체가 낼 수 있는 항의의 양┃에서 점하는 비중이 미미할 경우 또 다른 해석이 가능하다. 이 경우 각 개인은 이중의 평가를 하게 될 것이다. 먼저 (자신의 것을 포함한) 항의의 총량이 얼마나 될지를 판단하고 나서 이와 같은 '객관적인' 항의의 양이 목적을 얼마나 이룰 수 있을지 산정할 것이다.

〈도표 3〉은 분명 고객이나 구성원 각자가 처하는 선택 상황을 나타낸다. 이와 같이 이탈과 항의가 대안적 행동 양식으로 나타날 경우 상이한 선호도, 영향력 산정과 그에 드는 비용, 가능한 대체재에 대한 서로 다른 평가 등 다양한 이유로 어떤 고객은 항의 방

식을, 또 다른 고객은 이탈 방식을 택하게 될 것이다. 도표로 살펴보면 무차별곡선과 영향력 곡선의 형태 그리고 C점의 위치가 고객별로 천차만별일 뿐만 아니라 '부록 D'의 주 10에서 볼 수 있듯이 E점의 위치도 천차만별이다.

부록 C

반전 현상[5]

전문가적 재화의 가격이 오르는 경우 처음 이탈하는 고객과 전문가적 재화의 품질이 떨어지는 경우 처음 이탈하는 고객은 서로 다를까? 전통적 수요 도표를 단순하게 바꿔보면 이 문제를 다시 한 번 분석해볼 수 있다. 전문가 재화를 단위당 P_a, P_b, P_c의 가격에 구매하려는 구매자 A, B, C가 있다고 하자. 각 구매자의 수요는 〈도표 4a〉와 같이 길게 늘인 사각형으로 나타난다. 실제 단위당 가격이 P라고 하면 구매자 A, B, C는 각각 한 단위씩을 구매한다. 그중 A가 가장 높은 소비자 잉여를 얻게 되고 그다음이 B와 C 순이다. 품질은 그대로이고 가격만 P′로 오르면 고객 C가 떨어져나간다. 이제 〈도표 4b〉와 같이 수직축을 따라 가격(상승) 대신 품질(하락)을 표시하고 가격의 변화 없이 품질이 떨어지는 경우 어떤 일

---

5 이 책의 107~111쪽을 참조하라.

이 발생하는지 살펴보자. 하락하기 전의 품질이 Q 정도 되므로 세 고객 모두 재화를 구입했다. 품질이 Q′까지 하락하면 한 명의 고객이 제거된다. 4장에 따르면, C가 아니라 A가 후퇴할 첫 번째 사람일 가능성이 높다. 그 이유는 A에게 품질이 Q에서 Q′로 하락하는 것은 자신의 소비자 잉여를 모두 없애버리는 가격 상승에 해당하는 것인 반면 C에게는 (품질 하락에) 상응하는 가격 인상이 없으므로 시장에 남아 있을 것이기 때문이다. 품질 하락에 따르는 서로 다른 동치同值 가격이 P를 통과한 수평선에서 서로 다른 거리만큼 떨어진 긴 점선으로 표시되어 있다. 현재의 가정에 따라 품질을 표시한 도표에 나타난 세 고객의 순서는 가격을 표시한 도표에서는 거꾸로 나타날 것이다. 가격의 관점에서 보면 한계 고객이 품질 하락의 경우에는 한계 고객에서 가장 멀리 떨어진 고객intra-marginal consumer이 되며, 그 반대 또한 성립하게 된다.

이와 같은 '반전 현상'은 여러 가지 가능성 중 하나일 뿐이다. 어떤 재화가 전문가적 재화로 자리매김하려면 (1) 품질 하락 때문이라고 해석되는 동치의 가격 상승이 서로 다른 소비자에게 각기 다를 것이며, (2) 이러한 동치의 가격이 그에 상응하는 소비자 잉여와 정正의 상관관계에 있어야 한다.[6] 이러한 두 가지 조건은 다음

---

6 한 가지 덧붙이면 전문가적 재화가 되기 위한 두 번째 조건은 소비자들의 소득이 지나치게 다르지 않아야 한다는 것이다.

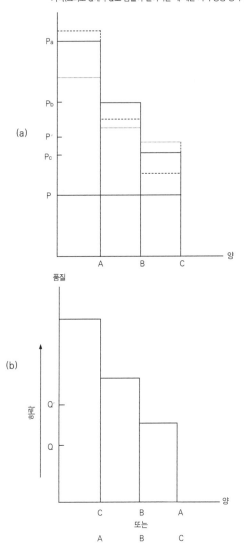

가격(그리고 Q에서 Q'로 품질이 떨어지는 데 대한 가격 상승 등가치)

(a)

양

(b)

품질

양

또는

〈도표 4〉 전문가적 재화의 반전 현상 가능성

과 같은 두 경우와 양립 가능하다. 가격으로 치면 한계 소비자인 C가 품질이 하락할 때 가장 먼저 떨어져나가는 경우와 가장 품질을 우선시하는 소비자 A가 애초에 소비자 잉여가 워낙 컸으므로 품질 하락에 상응하게 제품 가격이 올라도 소비자 잉여가 모두 사라지지 않는 한은 가장 오래도록 남아 있는 경우다. 가격 도표의 짧은 점선이 이러한 가능성으로, P 가격선과의 거리로 나타나 있다. 이런 상황에서는 항의 방식이 중요한 역할을 할 확률이 아주 높고, 소비자 잉여가 높은 고객들은 그들의 후생이 상당 부분 감소되므로 분명 탐탁지는 않겠지만 만족할 만한 대안을 찾지 못할 확률 또한 높다. 그러므로 그들이 그 재화를 계속 구매하는 한은 품질 개선을 위해 그들이 가진 모든 영향력을 행사할 것이다.

부록 D

**몇몇 전문가적 재화의 가격 상승과 품질 하락에 대한
소비자의 반응[7]**

전문가적 재화에 대한 욕구가 있는 소비자는 구매 가능한 여러 재화 중 선택을 할 수 있다. 이 소비자는 나은 품질의 제품이라면 돈을 더 내더라도 구매하겠지만 첫째로는 예산, 둘째로는 전문가적 재화를 감식하는 능력에 한계가 있을 것이다. 따라서 각각의 소비자별로 다양한 종류의 가격-품질 조합을 나타내는 무차별 지도를 그린 후, 이로 인해 주어진 재화의 양量(이를테면 자동차 한 대라든가 샴페인 한 병이라든가)에 상응하는 만족도를 나타낼 수 있다.

〈도표 5a〉에 위에서 언급한 몇 가지 무차별곡선을 그려보았다. 수평축은 품질(오른쪽으로 갈수록 고품질)을, 수직축은 제품 가격(위로 갈수록 높은 가격)을 나타내고 있어서 (보통 오른쪽 위였던 것과 달리) 오른쪽 아래로 가면 두말할 나위 없이 소비자의 후생이 증가하

---

7 이 책의 111~116쪽을 참조하라.

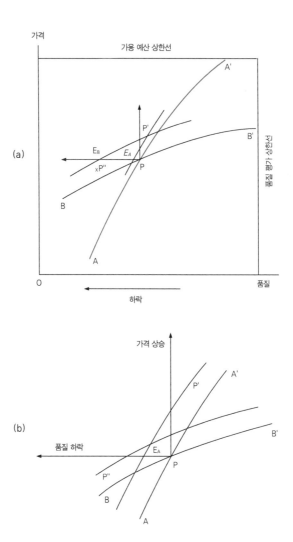

<도표 5> 가격에 민감한 소비자와 품질에 민감한 소비자가
가격 상승과 품질 하락에 대해 보이는 반응

는 것을 나타낸다.

소비자의 행동을 제약하는 두 범주가 '품질 평가 상한선'과 '가용 예산 상한선'으로 그려져 있다. 이 도표에는 오직 한 쌍의 상한선 조합만 그려져 있지만 소비자에 따라 다양한 상한선의 조합이 존재할 것이다. 여기에서 품질 평가 상한선은 이 선을 지나면 품질 상승이 있더라도 소비자가 더 많은 만족을 얻지 못하는 것을 나타낸다. 그러므로 소비자는 상한선보다 더 고품질인 제품에 대해 초과로 지출할 의사가 없다.

가용 예산의 상한선은 제품이 하나만 있는 경우에는 소비자의 총소득으로, 제품이 여러 개 있는 경우에는 소비자 자신이 현재의 가격에서 설정한 임의의 수치로서 해당 제품에 사용할 수 있는 최대 소비액으로 보면 된다.[8] 무차별곡선 AA′는 '품질 평가 상한선'에 도달하기 전에 '가용 예산 상한선'과 만나게 된다. 이는 품질에 민감하여 좀처럼 만족하지 못하는 소비자가 품질이 조금이라도 상승하면 기꺼이 많은 돈을 지불하게 된다는 의미다. 이에 반해 무차별곡선 BB′의 경우에는 품질에 둔감하거나 가격에 민감한 소비

---

8 가격이나 품질에 문제가 있는 기존 제품을 새로운 것으로 대체하는 경우 구매하는 전문가적 재화의 수는 불변으로 가정한다. 여기서 논의하는 상충 관계trade-off는 품질과 양 사이의 상충 관계가 아니라 여러 (혹은 한정된 수의) 다양한 가격-품질 조합 사이의 상충 관계를 말한다. 품질과 양 사이의 상충 관계에 대한 분석은 다음을 참조하라. H. S. Houthakker, "Compensated Changes in Quantities and Qualities Consumed", *Review of Economic Studies*, no. 19, 1952~1963, pp. 155~164. 소비자가 어떤 제품을 구매할 때 제품의 품질과 양 사이의 상충 관계가 종종 발생하기는 하지만 지금 논의하고 있는 상황이 더욱 실제로 의미 있을 것이다. 종종 소비자의 의사결정은 대부분 불가분의 경우이거나 불가분한 것으로 생각되기 쉽기 때문이다. 소비자가 한 끼의 식사, 한 대의 차, 한 채의 집, 자녀를 위한 교육을 구매할 때는 마음속으로 이 재화나 서비스의 가격을 품질과 비교하는 것이지 구매한 물품의 수량을 품질에 맞추는 것은 아니다.

자가 해당 품목에 돈을 좀더 지불하기 위해서는 품질이 상당히 향상되어야 한다. 따라서 BB′ 곡선은 '가용 예산 상한선'을 만나기 전에 '품질 평가 상한선'과 교차하게 된다. 바로 이 지점에서 경사가 거의 수평에 이를 것이다. 이는 곧 품질이 더 좋아져도 이 소비자의 후생은 별로 늘지 않기 때문에 더 이상 높은 가격을 지불할 의향이 없음을 의미한다.

이후의 분석은 품질에 민감한 소비자나 가격에 민감한 소비자 모두 두 가지 상한선에서 어느 정도 떨어진 지점에서 움직인다는 가정하에 진행된다. 특히 예산이 구매 가능한 품질에 엄격한 제한을 가하지는 않는다는 사실을 명심하자.[9]

소비자들이 항상 구매하던 제품의 품질이 하락하거나 가격이 상승할 경우 어떤 조건일 때 한 종류의 품질-가격 조합에서 다른 종류의 조합으로 옮겨가는지 조사해보자. 먼저 두 종류의 전문가적 재화가 있다고 하자. 하나는 P점으로 나타나는 가격-품질 조합이고, 다른 하나는 P′로서 가격과 품질 모두 높은 경우다. P점보다 가격과 품질이 낮은 제품인 P″는 나중에 살펴보기로 하자. 우선 도표을 보면 두 소비자 모두 P로 표시되는 제품을 구매함으로써 가장 높은 수준의 무차별곡선에 도달한다.[10]

....

9 품질-가격의 상충 관계가 모든 소비자에게 동일하다면(4장에서 살펴본 자동차 타이어와 철도 서비스가 가장 가까운 예일 것이다) 무차별곡선은 기울기가 동일한 평행의 직선일 것이다. 더 극단적인 예를 들기 위해 '품질'에 차이가 있는 두 '종류'의 치약을 합해서 한 종류의 품질로 만들고 정확히 부피만 두 배가 되었다고 가정해보자. 그러면 시간의 소요, 저장 공간 그리고 다른 비교적 경미한 문제들을 논외로 친다면 소비자들은 가격과 부피가 두 배로 늘어난 대용량의 치약에서 차별성을 느끼지 못할 것이다.

항상 구매하던 제품의 품질이 서서히 떨어지는 경우 어떤 일
이 벌어질까? 만일 제품 가격이 변하지 않는다면 품질 하락은 P
점에서 왼쪽으로 이어지는 평행선을 따라 표시될 것이다. 이 선은
E$_A$(이탈 A) 지점에서 품질에 민감한 소비자의 무차별곡선을 만나
게 된다(품질에 민감한 소비자의 무차별곡선은 E$_B$점에서 품질에 둔감한
소비자의 무차별곡선을 만나기 훨씬 전에 더 높은 품질인 P′를 지난다).
사용 가능하면서도 유일한 제품이 고품질-고가격일 때는 품질에
민감한 소비자가 품질에 둔감한 소비자보다 먼저 이탈을 감행한
다는 사실이 여기에서 분명해진다. 똑같은 논리로 정반대의 명제
도 성립한다. 즉 품질에 덜 민감한 소비자는 유일하게 사용 가능한
경쟁 제품이 도표에서 P″로 표시된 저품질-저가격일 때 가장 먼
저 이탈한다. 고품질-고가격(P′)과 저품질-저가격(P″) 모두 사용
가능할 때는 P점에서 품질이 하락하면 품질에 민감한 소비자가 P′
점으로 이동할 것이고, 품질 하락이 지속되면서 품질에 둔감한 소
비자는 P″점으로 이동할 것이다.[11]

이 도표를 이용하면 품질이 하락할 때 가격 내부의 한계 소비자
가 가장 먼저 이탈하는 반전 현상을 자세히 설명할 수 있다. 흥미

----

10 이런 점은 P′나 P″ 같은 다른 사용 가능한 제품이 AA′나 BB′보다 열등하다는 사실로
잘 나타난다. 도표를 보면 품질에 민감한 소비자나 가격에 민감한 소비자 모두 어떻게
같은 종류의 제품을 구매하는 것이 항상 시장에서 가능한 일인지를 잘 보여준다. 만약
사용 가능한 제품의 종류를 완벽하게 연속적으로 배치할 수만 있다면, 그래서 이후의
논의에서처럼 점이 아닌 '연속된 곡선'으로 나타낼 수 있다면, 품질-가격 조합과 관련
해 취향이 다른 소비자들은 결코 동종의 제품을 구매하지 않을 것이다.

11 개인 소비자의 입장에서 보면 항상 구매하던 제품보다 가격과 품질 모두 높은 제품이
이런 방식으로 가격은 기존 제품과 동일한 채 품질은 나빠진 등가等價 만족 제품으로

롭게도 P와 P′, P와 P″같이 두 가지 상품만 존재할 때는 반전 현상이 일어나지 않는다. 이제 전자의 조합만 존재한다고 가정해보자. 제품 P의 가격 상승은 P로부터 출발하는 수직선상에, 품질 하락은 수평선상에 나타난다. 수평선과 수직선 모두 처음에는 P′점을 지나는 품질에 민감한 소비자의 무차별곡선과 교차한다. 그러므로 가격이 인상되기보다는 품질이 하락하는 경우 품질에 민감한 소비자가 훨씬 빨리 이탈하겠지만 반전 현상은 일어나지 않을 것이다. 그러나 P와 P″ 제품만 존재하는 정반대의 경우 품질에 둔감한 소비자가 가장 먼저 이탈하듯이, 이 소비자는 항상 가장 먼저 이탈하는 소비자가 될 것이다. 반전 현상이 나타나기 위해서는 적어도 P, P′, P″로 표시되는 세 종류의 제품이 있어야 하고, P′와 P″가 제품 P의 반대편에 위치해야 한다. 그렇게 되면 〈도표 5b〉처럼 가격 상승선은 처음에는 P″를 지나는 품질에 둔감한 소비자의 무차별곡선을 통과할 것이고 품질 하락선은 P′를 지나는 품질에 민감한 소비자의 무차별곡선을 처음으로 지날 것이다. 바꿔 말하면 평소 구매하던 제품의 가격이 오를 때는 품질에 둔감한 소비자가 P″점을 향해 먼저 이탈하는 반면 품질이 하락할 때는 품질에 민감한 소비자가 P′점을 향해 먼저 이탈할 것이다. 이와 같이 가격이 상승하는 경

....

바뀔 수 있다. 물론 이와 같은 '등가 제품equivalent variety'은 상이한 가격과 품질에 대한 의식을 가진 소비자에게 상이하게 나타날 것이다. 이러한 이유 때문에 〈도표 3〉의 Q_E점은 소비자별로 다를 수 있다고 지적했다. 따라서 Q_E점은 가격은 같지만 품질이 떨어지는 상품을 나타낸다는 어찌 보면 다소 제한된 가정을 이탈-항의 간의 선택 분석 모델에 아무런 변화를 주지 않고도 없앨 수 있게 된다. 개인 소비자의 무차별곡선 지도에 따르면, Q_E점은 가격과 품질이 평소 구매하던 제품과 다른, 동일 가격의 등가 품종으로 단순하게 재해석할 수 있다.

우와 품질이 하락하는 경우 두 종류의 소비자가 이탈하는 순서가 바뀐다.

그러므로 반전 현상은 몇 가지 가격-품질 조합을 선택할 수 있는 경쟁시장에서 일상적으로 나타나는 일로 보는 것이 타당하다.

한 가지만 더 지적해보자. P, P′, P″는 도표에서 소비자가 선택할 수 있는 다양한 제품을 나타낸다. 만약 P, P′, P″를 통과하는 '제품 연결' 곡선을 그린다면 아마도 변환 곡선의 경우처럼 무차별곡선과는 반대 방향으로 볼록할 것이다. '동일한' 금액으로 품질 상승을 따라잡으려면 점점 더 많은 가격을 지불해야 하기 때문이다(여기서 품질은 제품의 가격이 아닌 '객관적인' 기준으로 측정한 것이다). 도표를 보면 품질에 민감한 소비자가 품질이 하락하는 제품을 이탈하는 속도는 유사한 종류의 고품질 대체재를 선택할 수 있느냐에 주로 달려 있음을 분명히 알 수 있다. 이러한 이유로 4장에서 제기한 것처럼 현재 관찰 중인 특정 제품의 주변에서 제품 연결 곡선을 점하고 있는 상이한 상품의 밀도에 따라서 이탈과 항의 중에 어느 것을 선택할지는 크게 달라진다.

가입 조건의 엄격성이 집단 활동에 미치는 효과: 실험 디자인[12]

이 책의 중심 주제는 어떤 조직의 기능, 활동, 산출물이 퇴보 상태일 때 구성원들이 어떤 반응을 보이는가였다. 사회심리학자들은 직접적으로 이에 대한 연구를 시도하진 않았지만 이와 유사한 문제에 이론적, 실험적 관심을 보였다. 즉 어떤 집단에 가입한 다양한 구성원들이 그 집단이 생각했던 것보다 재미있지도, 유용하지도, 유익하지도 않는다는 것을 알게 되면 어떤 반응을 보일지에 대해 연구했다. 1957년에 출간된 레온 페스팅거Leon Festinger의 『인지 부조화 이론Theory of Cognitive Dissonance』을 약간 역발상적으로 연구한 흥미로운 실험에 따르면, 집단의 가입 조건을 어렵게 하거나 가입 비용을 높이면 집단에 대한 선호도도 함께 높아진다고 한다. 즉 고생스럽게 집단에 가입한 사람들은 그렇지 않은 사람들에 비해 그 집단을 더 매력적으로(혹은 덜 매력적이지 않은 것으로) 받아들이는

----

12 이 책의 177~180쪽을 참조하라. 이 부록은 필립 짐바르도와 마크 스나이더Mark Snyder 가 저자와 함께 쓴 것이다.

것이다. 그리하여 어느 집단의 활동 프로그램이 '객관적으로' 실망스러운 수준이더라도 엄격한 가입 조건을 통과한 회원들은 낮은 가입 비용을 지불하거나 혹은 가입 비용을 지불하지 않은 회원들에 비해 집단의 활동에 덜 실망한다. 이러한 연구 성과는 7장에서 제시한 가설 때문에 도전을 받았다고는 할 수 없지만 적어도 그 덕분에 상당 부분 수정되었다. 이 가설에 따르면 엄격한 가입 조건으로 고생한 사람들도 특정 조건에서는 활동적인 소수집단이 되어 쇄신적, 개혁적, 반조직적, 분리주의적 행동에 참여할 것이다. 이 가설을 상세하게 설명하기에 앞서 이 분야의 연구가 어디까지 진척되었는지 간략히 살펴보자.

가입 조건의 엄격성은 집단에 대한 선호도에 어떤 영향을 미치는가

모든 집단에는 각 개인의 마음에 들지 않는 면들이 있기 마련이다. 한 사람이 어떤 집단에 들어가기 위해 불편하고 고통스러운 또는 엄격한 가입 조건을 통과했다면 자신이 구성원 자격을 얻기 위해 감내했던 유쾌하지 못했던 시련에 대한 인지는 이 집단의 별로 바람직하지 못한 양상에 관한 인지와 부조화 관계에 놓인다. 이러한 부조화는 두 가지 방법으로 감소될 수 있다. 그 한 가지는 가입 당시의 불쾌함에 대한 인지를 바꾸는 것이다. 달리 말하면, 감지된 불쾌함을 최소화하는 것이다. 또 다른 방법은 새로 가입한 집단의 바람직하지 못한 측면들에 대한 인지를 전부 혹은 일부분 바꾸는 것이다. 이는 곧 집단의 매력적인 면은 강조하고 바람직하지 못한 면은 무시하는 것이다. 가입 조건이 그다지 엄격하지 않다면(즉 부조화 수준이 낮다면) 전자의 방식을 택하기 쉽겠지만, 가입 조건이 엄격해짐에 따라(즉 부조화 수준이 높다면) 가입 조건의 가혹함, 불쾌함 또는 고통이라는 객관적 사실들을 왜곡하기 어려우므로 (차라리) 이 집단에 대한 주관적 인지를 왜곡하는 것이 훨씬 쉬울 것이다. 그리하여 가입 조건이 엄격할수록 부조화는 커지고 이 부조화를 줄이기 위해 집단에 대한 선호도 커져야 한다.

이와 같은 파생적 가설을 검증하기 위해 아론슨과 밀스는 성(性)에 관한 집단 토의에 자원한 여대생들을 엄격한 가입 조건(높은 부조화)과 중간 수준의 가입 조건(낮은 부조화) 혹은 통제집단(미가입)으로 나누었다.[13] 엄격한 가입 조건을 거친 여대생에게는 남성 실험자를 대상으로 열두 개의 외설적 단어와 성행위에 대한 두 건의 생생한 묘사를 큰소리로 읽어주게 했다. 중간 수준의 가입 조건

---

13 7장의 주 11을 참조하라.

을 거친 여대생에게는 다섯 개의 평범한 성 관련 단어만을 큰소리로 읽게 했다. 통제집단은 그런 단어를 큰소리로 읽지 않았다. 그러고 나서 모든 실험 대상자에게 그들이 방금 '거북함 테스트'를 치렀고, 현재 진행 중인 집단 토론에 참여할 수 있음을 알렸다. 지속적인 자극을 주기 위해 토론자들은 실험 대상자가 읽지 않은 책을 토론하고 있다는 구실을 대고는 실험 대상자를 토론에 참여시키지 않았다. 즉 실험 대상자는 토론자들의 말을 들을 수는 있지만 그들에게 말을 걸 수는 없다. 실험 대상자는 네 명의 학부 여학생이 진행하는 하등동물의 2차 성행위에 관한 반복적이고 모순되는, 일반적으로 말해 무지하게 재미없는 토론을 듣는다. 토론 후에 실험 대상자는 토론과 참여자에 대한 등급을 매긴다. 이러한 등급이 집단에 대한 태도를 측정하는 준거로 활용되었다.

결과는 명확했다. 엄격한 가입 조건을 거친 여학생들이 중간 수준의 가입 조건을 거치거나 토론에 자원하지 않은 통제집단에 비해 집단과 토론자들에 대한 선호도가 높았다. 중간 수준의 가입 조건을 거치거나 토론에 자원하지 않은 사람들 사이에는 별 차이가 없었다.

아론슨–밀스의 실험 결과에 대한 수많은 비판과 대안적 설명들이 있었다. 비판의 주안점은 가입의 엄격성과 집단에 대한 선호도 사이에 어떤 개념적 관계가 있는지를 검증하기 위한 실험 절차가 작동하는 특정 양상에 집중되었다. 가입 조건과 집단 토의 모두 성과 관련된 것이었다. 그리하여 엄격한 가입 조건은 여대생들이 토론에 참여하려는 욕망이 커지도록 성적으로 부추겼을 수도 있다. 또는 가입 조건으로 미루어볼 때 앞으로 성과 관련한 더 흥미로운 토론이 있으리라는 예상을 품었을 수도 있다. 또한 엄격한 가입 조건을 통과한 실험 대상자들은 중간 수준의 가입 조건을 통과한 사람들에 비해 자신의 성취에 더욱 고무되었을 수도 있으므로 그 결과 집단에 대한 선호도가 올라갔을지도 모른다.

이러한 비판에 대한 평가는 아론슨-밀스 실험의 핵심을 반복하는 것으로 대신할 수 있다. 단 그 실험에서 다음의 두 가지 요소는 제거하고 말이다. (1) 집단 토의의 성격과 질적으로 다른 가입 조건을 사용해 가입 조건의 내용에 기초한 설명들을 제거한다. (2) 가입 조건의 통과 혹은 탈락에 대한 피드백 과정을 억제함으로써 실험 대상자가 성공했다는 감정에 근거한 설명들을 제거한다.

게라르드H. B. Gerard와 매슈슨G. C. Mathewson이 이러한 조건으로 실험을 했다.[14] 그 실험은 가입 조건으로 (전기 충격이라는) 육체적 고

....

14 7장의 주 11을 참조하라.

통을 택했고, 테스트에 대한 피드백 테스트를 다양하게 마련했다가 제거하기를 반복했다. 그리고 실험 대상자들이 전기 충격을 받겠지만 이것이 가입 테스트의 일부라고는 말해주지 않았다. 결과는 인지 부조화 이론을 매우 강력하게 뒷받침해주었다. 즉 가입 조건이 엄격할수록(이 실험의 경우 고통이 클수록) 실험 대상자는 따분한 집단 토의(이 실험의 경우 대학 내의 시험 부정행위에 대한 토론)에 대한 선호도가 높았다. 이러한 결과는 실험 대상자들에게 고통 테스트를 거쳤다는 말을 해주든 말든 상관없었다. 미가입 통제집단의 경우(이 실험에서는 전기 충격은 주었지만 이것이 가입 조건이라고 설명하지 않은 경우) 따분한 집단 토의로 인한 인지 부조화가 생기지 않았다. 이는 실험 대상자가 따분한 집단의 멤버십이라는 명시적 목적 달성을 위해 고통을 겪지 않았기 때문이다. 따라서 이 경우에 선호도의 증가 여부는 예측하기 힘들 것이다. 잠재적 부조화가 있을 때만(즉 가입 조건이 있을 때만) 인지 부조화 이론의 예측이 입증된다는 사실은 가입 조건의 엄격함과 집단 선호도 간의 관계를 설명해주는 인지 부조화 이론의 설명을 추가적으로 보강해주는 것이다. 실제로 이 실험의 결과는 원래 아론슨-밀스의 실험보다 더욱 강력한 것이었다.

가입 조건의 엄격성은 집단 활동에 어떤 영향을 미치는가

아론슨-밀스와 게라르드-매슈슨의 실험 모두 실험 대상자들이 단기간 단 한 번만 집단 활동을 하도록 설계되었다. 게다가 (엄격한 혹은 중간 수준이라는) 여러 가입 조건에 의해 주도적 혹은 활동적으로 참여할 수 있는 여유 공간이 없는 방식으로 실험 상황이 설정되었다. 이 조건은 비현실적이다. 집단 활동은 장기간에 걸쳐 지속되고 구성원들은 '진행 중인' 상황을 수동적으로 경험하지 않는다. 그러므로 지금까지의 실험은 엄격한 혹은 중간 수준의 가입 조건을 가진 불만스러운 집단에 대한 초기 반응에 불과할 수도 있다. 집단 활동이 계속 실망스럽지는 않은 가운데 일단 회원이 되면 이러한 효과에 대한 인지를 점점 더 부정하거나 지나쳐 버리기가 쉽지 않을 것이고, 따라서 부조화 상황에서 벗어날 주도적인 방안을 찾아내기가 점점 더 어려워질 것이다. 그런데 부조화를 줄이는 다음의 두 가지 방안이 있다면 어떨까? (1) 집단에서 이탈하는 방안, (2) 창조적 쇄신과 개혁 활동을 통해 집단을 능동적으로 재조직화하고 개선하는 방안. 이런 방안은 엄격한 가입 조건 때문에 집단에 대한 기대치가 높은 사람들에게 효과적일 가능성이 크다.

첫 번째 방안은 조직에서 나오는 것이 손쉬울 때만 가능하다. 다시 말해 이탈에 대한 비용이 낮을 때만 가능하다. 더욱이 이 방안은 꼭 만족할 만한 해법이 아니다. 이 방안을 따르자면 ('내가 이 조직에 들어오려고 얼마나 고생했는데 혹은 비용을 지불했는데'라는 인식과 '이제 이 집단을 떠난다'는 인식 간의) 부조화가 더욱 커지게 된다. 동일한 기능적 목표를 가진 유사 집단을 활용할 수 있는 한도 내에서 이러한 충성심의 전환(즉 이탈)이 일어난다. 이탈 비용이 높거나 이탈이 어렵다면 사람들은 이탈에 대한 사회적 지원을 얻음으로써 이탈이 유발하는 부조화를 줄이려 할 것이다. 특히 다른 사람들도 자신과 같이 행동하도록 확신을 심어주려고 할 것이다. 바꿔 말하면, 엄격한 조건을 거친 신입 회원은 집단 내에서 이탈의 위협을 가하거나 다른 사람들도 자신과 같은 방법을 택하도록 압력을 가할 것이다. 이탈한 후에도 외부에서 집단에 대한 비판자가 될 것이다.

두 번째 방안은 이론적으로나 실천적으로 가장 흥미로운 것이다. 이탈이 어렵거나 불가능할 경우 집단에 대한 선호와 자신이 아는 집단의 단점 사이의 부조화를 줄이는 방법은 집단을 재조직해서 집단의 부정적 양상을 제거하는 것이다. 이 해법은 개인의 인지적 딜레마를 효과적으로 해결해주므로 개인에게 유익하며, 집단에게도 좋은 일이다. 창조적 쇄신을 통해 집단을 개혁하고 집단이 장기적으로 살아남을 전망을 높여주기 때문이다. 집단의 실망스러운 현재 위상과 집단에 대한 높은 기대감 사이의 간극에 대한 반응으로 활동가적 행동과 창조적 쇄신이 일어날 확률은 이 과정에 수반될 비용과 함수관계에 있다. 예를 들면 (노력에도 불구하고) 집단이 변하지 않거나 자신이 충분한 영향력을 발휘할 수 없을 경우 시간, 노력, 재능 등의 자원을 날릴 뿐만 아니라 일이 잘못될 위험성까지 감수해야 한다.

이제 앞으로 검증할 새로운 가설들이 어떤 것인지 간략하게 언급해보겠다. 불만이 있는 집단의 회원이 되기 위해 엄격한 가입 조건을 통과한 개인은 중간 수준의 가입 조건을 경험한 사람보다 오직 최초에만 이 집단에 대해 더 많은 선호를 나타낼 것이다. 얼마 지나지 않아 엄격한 가입 조건을 경험한 신입 회원은 집단의 불만스러운 점들을 없애기 위해 앞장서서 적극적 쇄신 활동을 벌일 것이다. 이런 일들은 결국 집단의 개선을 위한 제안, 개선 위원회의 구성 그리고 지도자층과 집단 구성원의 의사소통으로 귀결될 것이다. 더 나아가 이탈을 행한 (엄격한 가입 조건을 경험한) 신입 회원은 적극적으로 이탈을 택할 다른 회원들, 아니면 사회적 지원을 찾아 나설 것이다.

집단의 개선을 위해 혹은 집단으로부터 이탈하기 위해 행동할 때 엄격한 가입 조건을 경험한 신입 회원은 스스로에게나 다른 사람들에게 자신의 행위를 정당화하기 위해 집단의 현재 상태가 실제보다 '썩어빠졌다'고 묘사하기 십상이다. 이 시점에서 엄격한 가입 조건을 경험한 신입 회원들은 중간 수준의 가입 조건을 경험한 신입 회원들에 비해 집단에 대해 더 나쁜 견해를 가질 것이다. 따라서 집단의 회원으로서 일련의 경험을 하는 동안 엄격한 가입 조건을 경험한 신입 회원들은 중간 수준의 가입 조건을 경험한 신입 회원에 비해 처음에는 집단에 대한 선호가 더욱 높은 상태였다가 나중에는 더욱 낮은 상태로 변할 것이다. 실험을 통해 이러한 예측이 검증되는지를 살펴보면 흥미로울 것이다.

실험

앞서 기술한 일반 가설을 아론슨-밀스(1959)와 게라르드-매슈슨(1966)의 실험 패러다임으로 검증해보자. 그러나 이번 실험의 경우 두 실험 모델을 약간 변형해서 실험 대상자가 정말로 재미없는 집단과 몇 개의 세션에 참여할 것이다. 스탠퍼드 대학교 학부생 중에서 자원 형태로 충원된 지원자들은 x달러씩을 받고 5회에 걸쳐 최면 훈련에 참여할 것이다. 이들은 엄격한 가입 조건, 중간 수준의 가입 조건 그리고 미(未)가입 조건(통제집단) 중 하나의 과정을 거친다. 훈련 과정을 이수하지 못할 경우 x달러를 모두 잃게 되고 (이탈에 대한 고비용), 몇몇 훈련에 빠질 경우 일부 금액을 잃게 되리라고(이탈에 대한 저비용) 믿었다. 이 실험은 한 축은 가입의 엄격성 정도이고, 다른 한 축은 이탈 비용으로 구성된 3×2팩토리얼 형식으로 설계되었다. 실제 실험은 오직 실험 시작 과정과 세 번의 세션으로 구성되었고, 각각의 실험 과정에서 집단에 대한 선호, 활동 상황, (참여) 회원들뿐만 아니라 무미건조한 집단 활동과 집단 행태를 개선하기 위한 쇄신의 행동을 과시할 각종 기회들도 측정할 것이다.

실험 과정

5회에 걸친 최면 실험에 자원한 실험 대상자들이 실험실에 도착하면 개별적으로 설문지에 답하게 된다. 실험에 자원한 이유, 집단과 집단 활동과 회원에 대한 기대치 등이 설문의 주요 내용일 것이다. 선호도, 흥미, 지루함, 생산성, 교육적 가치, 지식, 오락, 집단의 매력, 조직 등을 100점 연속 척도로 측정할 것이다. 가입 조건의 엄격성 테스트 그리고 집단 세션 때마다 같은 척도를 이용해서 집단에 대한 선호와 매력 정도를 측정할 것이다. 일련의 최면 테스트를 거친 실험 대상자의 데이터가 비교 기준이 될 것이다.

미가입 통제집단을 제외한 모든 실험 대상자가 선발 과정이라는 가입 절차를 밟게 된다. 이 과정의 목적은 심리적, 육체적으로 최면 실험을 하기 힘들거나 집단에서 타인과 작업을 잘하지 못하는 사람을 추려내는 것이다. 그리고 나서 실험 대상자들은 무작위로 엄격한 가입 조건이나 중간 수준의 가입 조건을 거칠 것이다. 미가입 실험 대상자는 이 과정을 건너뛰게 된다.

집단 활동으로서 최면 훈련의 장점은 가입의 엄격성을 평가 과정의 자연스러운 부분으로 의미 있게 소개하는 것이다(앞의 두 실험에서 평가 과정은 다소 인위적이었음을 기억하라). 엄격한 가입 조건은 육체적으로 상당히 힘들거나 불편한 활동들로 구성될 것이다. 중간 수준의 가입 조건은 질적으로는 동일하지만 양적인 면에서 엄격한 가입 조건보다 좀 나은 활동들로 구성될 것이다. 모든 실험 대상자들에게 이 모든 과정은 최면의 심리적, 생리적 영향을 평가하는 활동이라고 알려줄 것이다. 실험이 시작되면 실험 대상자들은 이 프로젝트에 참여하면 얼마의 보수를 어떤 조건에서 받을 수 있는지 통보받는다. 모든 세션에 참가하는 경우에만(즉 이탈에 대한 높은 지불 조건) x달러를 받고, 다섯 번의 세션에 참여하는 비율에 따라 5분의 x달러를 받는다.

각자의 집단에 들어가기 전에 실험 대상자들은 다른 실험 대상자들의 설문지를 읽을 것이며, 전 과정 동안 소속될 집단을 배정받는다. 그러고 나서 집단의 세션에 관한 기대치를 측정하기 위해 설문지를 완성하게 된다. 이 과정의 목적은 집단에 대한 선호 기대치가 가입 조건의 난이도와 어떤 함수관계에 있는지를 살펴보기 위한 것이다. 다음으로 실험 대상자들은 집단의 다른 참여자들에게 소개된다. 각 집단은 일곱 명으로 구성된다. 두 명은 엄격한 가입 조건, 두 명은 중간 수준의 가입 조건을 거쳤고, 두 명은 통제집단이다. 나머지 한 명은 실험 공모자로 집단의 다른 구성원은 이 사실을 알지 못한다(공모자의 역할은 아래에서 설명한다). 마지막으로 집단의 리더(실험의 주관자로 다른 구성원에게는 비밀이다)가 있다.

[세션 1] 첫 번째 세션은 '최면이란 무엇인가'라는 녹음 강의로 이뤄진다. 여기에서 강사는 '최면에 대해 알려지지 않은 사실들'이라는 매우 지루하고 장황한 발표를 한다. 초창기의 최면가들을 소개하고, 최면에 필요한 실험 디자인에 대해 앞뒤가 맞지 않는 혼돈스러운 내용을 다룬다. 그리고 나서 실험 대상자들은 매우 길고 재미없게 녹음된 최면 민감성 테스트를 받는다. 이 시점에서 쉬는 시간을 알린다. 쉬는 시간 전에 실험 대상자들은 다시 한 번 집단에 대한 자신의 태도에 등급을 매긴다.

[세션 2] 10분의 휴식 시간 후에 두 번째 세션이 시작된다. 실험 대상자들은 휴식 기간에 과정에 대한 토론을 해서는 안 된다(그들이 무엇을 배웠는지에 대해 생각하면서 집단 척도에 대해 집중하라고 얘기해준다). 첫 번째 세션에서 실시한 최면 민감성 테스트를 ('신뢰성' 확보를 위해) 반복한다. 그리고 나서 집단의 리더는 실험 대상자에게 테스트를 '해석'해준다. 곧이어 리더는 최면 민감성과 통계적

으로 관련 있는 사안들에 대한 재미없는 이야기를 시작한다. 이때 공모자는 이런 강의에 자원한 것이 아니라고 말하면서 몇 명이나 자신과 행동을 같이할 것인지를 묻는 이탈의 위협을 실행한다. 그러면 실험 주관자는 모든 사람이 자발적으로 참여했음을 명확히 밝힌 다음 떠나고 싶은 사람은 그렇게 해도 괜찮다고 말한다. 공모자와 견해를 같이하는 실험 대상자 수가 이탈 측정치로 사용된다. 당연히 이들은 떠나려는 욕구를 즉각 드러낼 것이다. 이들에게 세션 3까지는 남아 있어야 하고, 다음 날 저녁에 열리는 두 세션만 빠질 수 있다는 이야기를 전한다. 이렇게 하면 실험 대상자의 손실 때문에 벌어질 문제를 제거할 수 있다. 이 외에 몇몇 실험 대상자가 이탈의 움직임을 억제하려고 시도하는 데에도 관심을 기울여야 한다. 이 세션의 끝에 실험 주관자는 실험 대상자들의 집단에 대한 태도를 측정하는 통상적 설문지와 함께 조직 및 집단 활동의 변화를 위한 제안을 요구하는 설문지를 나눠준다. 이 설문지는 창조적 쇄신 행동의 세 번째 측정치 역할을 할 것이다.

[세션 3] 짧은 휴식 시간 후에 실험 주관자 없이 세 번째 세션이 시작된다. 대학원생이 방에 들어가 집단의 리더가 이 세션을 마치자고 했다는 말을 전한 후 다음 세션들에 대한 정보를 알려주면서

실험 대상자들에게서 정보를 수집한다. 대학원생은 다음 두 세션도 이전과 유사할 것이라고 말하고 다음 세션에 대해서도 자세히 알려준다. 대학원생은 부조화를 분명하게 하기 위해 각 실험 대상자의 원래 '공약-선호도' 등급을 검토한다. 이는 물론 실험 대상자 몰래 하는 것이다.

다음으로, 집단 행동과 참여에 대해 토의하고 싶다면 상담 시간에 강사를 만날 수 있으며, 그러기 위해서는 꼭 선약을 해야 한다고 실험 대상자들에게 말해준다. 또한 토의 주제, 도착 시간, 집단의 리더와 함께할 시간을 밝혀야 한다는 말도 덧붙인다. 이와 같은 의도의 표현들은 실험 대상자들에게 얼만큼 쇄신의 동기가 있는지를 측정하는 '행위 수행 의도 측정치'로 사용된다. 실제로 선약을 지킨 실험 대상자의 수만 온전한 행위로 간주한다.

마지막으로 대학원생들은 (다른 사람이 하지 않는다면) 공모자가 주도하는 토의를 '즉각' 시행한다. 이 토의는 녹음되며, 창조적 쇄신, 집단 개선책 제의, 각 실험 대상자의 이탈 위협으로 분류 정리된다. 세션이 종료되고 나면 다음 날 저녁 마지막 두 세션이 남아 있음을 상기시킨다. 다음 날 저녁에 온 실험 대상자들은 모든 것에 대한 보고를 받고, 참여에 대한 대가를 받으며, 진짜 최면 훈련에 참여할 기회를 제공받는다. 나타나지 않은 실험 대상자들도 동일한 사항을 우편으로 제공받는다. 일단 실험이 완료되면 모든 실험 대상자들은 결과에 대한 상세 정보를 받는다.

반응 측정 요약

이 연구가 사용한 측정 방식은 다음과 같다.

1. 집단에 대한 선호 및 매력도 측정
   a. 실험 전
   b. 실험 시작 후
   c. 각각의 세션 후
2. 이탈 측정
   a. 즉각적 이탈
   b. 모델이 설정한 이탈의 위협에 대한 반응으로서의 이탈
3. 항의와 쇄신 정도의 측정
   a. 즉각적 코멘트
   b. 설문지에 나타난 제안들
   c. 집단 리더와의 상담 예약

d. 집단 토의 성과

e. 상담 예약 준수 및 상담 시에 집단 리더에게 말한 내용

예상 결과

1. 가입 조건이 엄격할수록 집단에 대한 초기 선호가 높을 것이다.

2. 이탈 비용이 클수록 집단에 대한 초기 선호가 높을 것이다.

3. 불만을 갖기 시작한 초반에는 가입 조건이 엄격하고 이탈 비용이 적을수록 이탈 위협 빈도가 높을 것이다.

4. 가입 조건이 매우 엄격하고 이탈 비용이 매우 적으면 집단으로부터의 이탈이 많을 것이다.

5. 엄격한 가입 조건(높은 이탈 비용)을 경험한 실험 대상자들은 시간의 추이에 따라 집단에 대한 태도 변화가 두드러질 것이다. 초반에는 집단에 대한 비판이 없겠지만(실제로 이들은 비판이 있더라도 집단을 변호해야 할 것이다), 특정 시점에서 항의나 이탈로 방향을 전환할 때는 이들이 집단에 대한 가장 강력한 비판자가 될 것이다.

6. 엄격한 가입 조건과 높은 이탈 비용을 지불하게 되는 실험 대

상자들에 의해 새로운 집단 행동이 유발될 것이다.

7. 그러나 실험 대상자들이 집단에 영향력을 발휘할 수 없거나 집단에서 이탈할 수 없을 때는 이들의 높은 동기 유발은 집단에 반대하기 위해 사용될 것이다. 이들은 집단에 위해를 가하기 위해 적극적으로 변할 것이며, 이들이 변하는 정도는 가벼운 가입 조건으로 인해 이탈 비용이 낮은 초반 이탈자에 비해 더욱 심할 것이다. 이들은 다른 사람들에게 이탈의 확신을 심어주는 방법으로, 이탈 행위를 위한 사회적 지지를 확보할 것이다.

찾아보기

떠날 것인가, 남을 것인가

퇴보하는 기업, 조직, 국가에 대한 반응

초판 1쇄 발행 | 2016년 7월 13일
초판 5쇄 발행 | 2024년 5월 6일

지은이 | 앨버트 O. 허시먼
옮긴이 | 강명구
펴낸이 | 임윤희
디자인 | 송윤형
제작 | 제이오

펴낸곳 | 도서출판 나무연필
출판등록 | 제2014-000070호(2014년 8월 8일)
주소 | 08613 서울 금천구 시흥대로73길 67 금천엠타워 1301호
전화 | 070-4128-8187
팩스 | 0303-3445-8187
이메일 | book@woodpencil.co.kr
페이스북·인스타그램 | @woodpencilbooks

ISBN | 979-11-953470-6-3 93330